Dominique L[illegible]

faire le ménage chez soi, faire le ménage en soi

MARABOUT

DU MÊME AUTEUR CHEZ MARABOUT

L'Art de la simplicité, janvier 2007
(1re édition : Robert Laffont, mars 2005).

L'Art des listes, octobre 2008
(1re édition : Robert Laffont, novembre 2007).

L'Art de la frugalité et de la volupté, octobre 2010
(1re édition : Robert Laffont, octobre 2009).

Cahier de travaux pratiques
pour apprendre à se simplifier la vie,
mai 2010.

Sommaire

Deuxième partie
Passer à l'acte

Troisième partie
Ménage et zen

Ayant vécu au Japon toute ma vie adulte, je ne peux qu'être influencée par cette culture qui m'a pénétrée et a influencé mon sens des valeurs dans différents domaines. Celui du rôle de la femme dans la maison, entre autres. Au Japon, l'approche du ménage au féminin n'est pas aussi connotée qu'en France. Rares même sont les femmes qui se posent la question de savoir si cette tâche leur revient ou non. Pour elles, la maison est comme une partie de leur corps (l'homme en étant souvent absent). Il est donc naturel pour elles de s'en occuper… comme d'elles-mêmes.

Dominique Loreau

Introduction

« Le balai… il cache des secrets,
des trésors d'intelligence. »
JEAN-CLAUDE KAUFMANN, *LE CŒUR À L'OUVRAGE*

Pourquoi faire le ménage ? La plupart d'entre nous répondront probablement qu'il faut le faire, c'est tout. Tout comme manger, dormir ou se laver. Mais faire le ménage, c'est bien plus. Outre l'évidence des effets bénéfiques d'un lieu propre et rangé sur le physique et le moral, c'est aussi nettoyer son cœur et son esprit.

Le développement de la vie personnelle est le fondement de tout. Et cela se résume, en réalité, à un seul but : développer un état d'esprit qui libère l'homme, n'engendre ni émotions négatives ni sentiment d'insécurité, et qui n'impose aucun contrôle venant de l'extérieur. Il ne faut pas oublier non plus que les clés de l'avancée du savoir se trouvent dans la réalité quotidienne et qu'il n'y a pas de grandes pensées sans une attention minutieuse portée aux petits riens.

C'est lors d'un séjour initiatique dans un temple japonais que j'ai appris ce que représente véritablement la pratique du ménage pour les adeptes du zen. J'ai d'ailleurs repris quelques-uns des passages de mon journal de bord dans ce temple pour illustrer certains paragraphes. Mais c'est aussi ma vie depuis trente ans au Japon, l'un des pays les plus propres au monde, qui m'a aidée à réaliser que faire le ménage à fond et quotidiennement ne relève pas de la maniaquerie.

Véritable thérapie d'une vie au rythme de plus en plus accéléré, aux valeurs intérieures de plus en plus délaissées au profit d'une identité sociale, le ménage est à réapprendre. Les maisons ont changé, les matériaux naturels ont fait place aux produits synthétiques et les appareils électroniques se font de plus en plus présents. Fini le temps où l'on ouvrait une belle grande armoire en merisier pour ranger ses piles de draps amidonnés. Les mœurs, les habitudes se sont modifiées en une ou deux générations et l'on a perdu tout repère, laissant le désordre s'installer, au mépris du ménage et de la paix domestique. C'est tout un savoir-faire qui a tendance à disparaître. Tout un art de vivre le quotidien avec lenteur, profondeur et simplicité qui s'oublie.

Le ménage peut devenir un plaisir, un art, un exercice spirituel : il suffit pour cela de retrouver l'envie de vivre pour soi, chez soi, et de renouer avec des valeurs aussi anciennes qu'universelles.

Première partie

Le ménage, c'est dans la tête

1
Les bienfaits d'une maison propre et ordonnée

Une meilleure image de soi

« C'est le ménage, la cuisine, la lessive qui font qu'une femme est femme et qu'elle doit être considérée et respectée comme telle. »

PROPOS JAPONAIS

La demeure est un élément vital de notre existence. Elle nous permet de nous ressourcer, de reprendre des forces quand celles-ci sont épuisées. Elle est notre refuge. Elle constitue, après le vêtement, notre troisième peau et notre identité. Certains architectes japonais vont même jusqu'à concevoir des plans d'habitat en fonction du groupe sanguin ou du signe astral de leurs clients.

Si nous voulons être en harmonie avec le monde extérieur et avec nous-mêmes, nous devons être en harmonie avec notre maison. Elle reflète ce que nous sommes, désirons être ou paraître. Si nous cherchons à avoir une bonne image de nous, il nous faut garder notre intérieur à la hauteur de cette image : propre, net, harmonieux et sain.

Que celui-ci soit luxueux ou modeste, c'est le soin et l'amour que nous lui apportons qui en fait toute la valeur et qui nous apporte équilibre et sécurité.

Pour être vraiment soi, il faut être dans une bonne ambiance et dans les meilleures conditions. Le *Hagakure*, le livre-bible des samouraïs, leur enseignait une règle essentielle : apprêter impeccablement chaque jour leur corps et leurs affaires (leur maison). Les samouraïs s'occupaient donc de leurs ongles, de leur coiffure, et s'assuraient chaque matin que leur intérieur était parfaitement en ordre afin d'aller avec sérénité et fierté à la rencontre de la mort à laquelle ils se savaient exposés à tout instant.

Si le corps est l'image de l'esprit, la maison doit être pour sa part à l'image du corps *et* de l'esprit.

Faire corps avec son intérieur

« *4 h 30 : nettoyage de la salle des prières. Je dois nettoyer tous les encensoirs et en aplatir la cendre de manière parfaite. Cela demande beaucoup de concentration mais j'aime cette activité.* »

EXTRAIT DE MON JOURNAL DE BORD AU TEMPLE

À l'ère des aspirateurs robots, les tâches courantes de la maison sont de moins en moins reconnues et de plus en plus considérées comme une corvée rabaissante. Il est en revanche de bon ton de se construire une identité non rattachée au travail domestique. Malheureusement, cette identité n'appartient qu'au domaine du monde social et ne renvoie qu'à des caractéristiques impersonnelles. On s'habille comme les autres, on fréquente les mêmes lieux que les autres… et on finit par ne plus se distinguer des autres à force de vouloir être soi. Une personne « entière », au contraire, est une personne qui fait entièrement corps avec ce qui l'entoure, y compris son intérieur. Elle le soigne comme elle soigne son corps, affirmant ainsi ce qu'elle est, en restant elle-même.

Posséder le lieu qu'on habite

« L'harmonie d'une demeure… où çà et là les objets parlent de jadis et de paix. »

URABE KENKÔ, *NOTES DE MA CABANE DE MOINE*

Un lieu ne nous « appartient » et ne nous accueille vraiment que lorsque nous l'avons entretenu de nos mains. Lorsqu'on délègue ses tâches ménagères à une autre personne, notre univers familier devient peu à peu lointain, brumeux, étranger. On n'éprouve plus la sensation de s'occuper de sa maison. Pour certaines femmes – dont je fais partie –, confier quelque chose d'aussi intime que son intérieur à une personne étrangère (une femme de ménage), c'est perdre un peu de soi, de son intimité, des gestes qui font notre identité, nous enracinent dans un soi entier, unique. C'est rejeter une reconnaissance de soi à travers des gestes personnels, et comme déléguer son privilège d'être une femme à une autre. C'est ne plus être vraiment maître de son intérieur, au propre comme au figuré, et donc, par extension, maître de soi ; c'est dépendre des forces de quelqu'un d'autre pour assumer sa propre vie. De plus, le ménage permet de faire le point sur ce que nous sommes et sur les choses qui nous sont essentielles. Il exige des gestes précis, incite à réfléchir et nous rapproche des choses qui nous entourent. Enfin, sans parler de l'idéal du « tout faire soi-même », faire le ménage est – à condition de bien vouloir l'accepter comme tel – un plaisir, un délassement, une récréation. Alors pourquoi s'en priver ?

Avoir un meilleur contrôle sur les circonstances

« *La vie de tous les jours, l'emploi de son corps et de son temps, l'usage des plaisirs et les techniques de soi, voilà le fond de toute quête philosophique.* » MICHEL ONFRAY

Cicéron disait que, pour être libre, il faut être soumis à un ensemble de lois. Faire soi-même son ménage ou sa cuisine (même si ce n'est qu'une omelette et une petite salade) évite bien des remises en question inutiles quant à la pertinence de ces activités, de sorte que l'énergie disponible sert à *vivre vraiment* au lieu de chercher *comment vivre*. Moins les choix sont nombreux, plus il est facile de s'y engager et d'en respecter les règles. Cela ne veut pas dire qu'il faille retourner aux valeurs rigides et limitées d'autrefois, mais, paradoxalement, la liberté en toutes choses que nous nous accordons de nos jours devient, en réalité, une source de complexité. En d'autres termes, nous ne pouvons vivre sans quelques contraintes et ce n'est qu'en acceptant celles-ci avec rigueur et reconnaissance que nous pouvons accéder au bonheur et à l'équilibre.

Si les règles sont comme les barreaux d'une prison, la discipline personnelle donne, quant à elle, accès à la liberté. Les règles sont quelque chose imposé du dessus (gouvernement, religion, société, famille...), alors que la discipline est quelque chose que l'on s'impose parce que l'on sait que cela va nous apporter un plus, par exemple l'énergie ou la sérénité. L'homme peut et doit devenir sa propre loi et vivre en harmonie avec les lois internes qui le gouvernent. C'est cette autodiscipline qui donne de l'ampleur à sa vie, lui permet de ne pas être victime des circonstances mais, au contraire, de devenir maître de sa propre vie.

Mener une vie équilibrée

« J'adorais essuyer le plancher après l'avoir lavé à l'aide d'un chiffon humide. "Va dans les rainures, va dans les coins. Chasse la salissure, chasse les chagrins." Une fois que les lieux étaient propres et les chambres rangées, nous prenions un bain puis nous mettions des vêtements propres avant de nous rassembler devant la salle de méditation. La vie était renouvelée et nous étions prêts à repartir d'un nouveau pied. » GARY THORP, *LE ZEN DES PETITS RIENS*

Faire le ménage, ce n'est pas seulement enlever la poussière et remettre les objets à leur place : par ces gestes routiniers se fabriquent journellement les bases de l'existence. Qui veut être à l'aise dans un environnement doit demeurer en contact avec le lieu où il se trouve. Un endroit propre, en ordre et agréable incite à bien se nourrir et s'habiller, à entretenir des pensées saines et claires, conditions essentielles pour l'équilibre intérieur. Et à son tour cet équilibre se répercute dans les autres domaines de la vie, débouchant sur une meilleure gestion du temps, des relations plus satisfaisantes, une santé améliorée, un avancement personnel… Notre épanouissement et notre condition humaine, dans toutes ses dimensions, dépendent de détails aussi infimes en apparence que le ménage, le rangement ou l'entretien du linge. La façon dont nous habitons et soignons notre intérieur influe sur notre destinée.

Avoir plus d'énergie et revitaliser son être

« Pour moi, la propreté est une superstition. Quand on me parle de quelqu'un je demande toujours si c'est une personne propre, [...] je le demande comme je demanderais si c'est une personne intelligente ou sincère, ou honnête. » MARGUERITE DURAS, *LA VIE MATÉRIELLE*

Certaines femmes disent aimer le ménage pour la sensation de propreté qui en résulte. Pour d'autres, c'est l'énergie que dégage un endroit immaculé, c'est-à-dire dans lequel il n'y a plus rien à faire, qui les motive. Une fois qu'un intérieur est propre et en ordre, on peut s'adonner complètement à de nouveaux projets, paresser... C'est alors que l'on a l'esprit libre et que l'on éprouve une grande plénitude, ou encore que naissent de nouvelles idées. On peut ensuite agir pour le seul plaisir, en toute « gratuité ». Notre *ki* est renouvelé. Au Japon, on appelle *ki* l'énergie vitale (*qi* en chinois). Et l'on est toujours à la recherche de l'équilibre de ce *ki*. « Tu dois retrouver ton *ki* », disent les Japonais. Une personne fatiguée est une personne qui a perdu son *ki*. Mais l'origine de cette fatigue est rarement physique. Car ce sont souvent la saleté et le désordre qui fatiguent, perturbent le mental.

La première valeur du ménage n'est donc pas tant de supprimer la poussière ou le désordre que de revitaliser son être. On peut ainsi mieux sentir la vie, la goûter. La vie est toujours différente avec des draps frais, des vitres étincelantes, un sol lavé qui sent le propre. Plus le sensoriel est revigoré, plus ce qui fatigue disparaît. Recréez de l'énergie en nettoyant, en rangeant. Ne vous laissez pas entraîner vers cette déprime physique qu'induisent la poussière et la saleté.

Les sensations que dégage notre espace de vie sont déterminées par ce qui nous entoure : le genre de musique que nous écoutons, la nourriture que nous préparons, les amis que nous fréquentons, les livres que nous lisons... Il est donc important de garder cet espace aussi impeccable et agréable que possible. Un « bon » intérieur est un intérieur qui se laisse oublier. On peut alors s'absorber et être tout entier à ce que l'on fait. À l'inverse, une maison mal entretenue, un intérieur en désordre et qui n'a pas été nettoyé depuis longtemps rend maussade et lourd, diminuant les capacités de l'esprit, absorbant l'énergie, réduisant parfois même l'entente au sein de la famille. Difficile de se relaxer dans une maison où règne trop de laisser-aller. Le cœur ne peut s'y épanouir. Les gens heureux ont des intérieurs soignés. Et *vice versa*. Même ceux qui vivent seuls. Le *Zenshin Kyushu*, un ouvrage japonais composé il y a près de cinq siècles, enseignait que nous devrions vivre comme si les autres étaient toujours avec nous et, même quand nous sommes seuls, « porter nos plus beaux vêtements ». J'ai envie d'ajouter : « et garder son intérieur impeccable ».

Les confidences de Reiko sur la propreté

« En une demeure à l'abandon, où une dame avait dû faire à ce moment retrait et vivait recluse en solitude, un personnage lui rendit secrètement visite. Après un moment d'attente sur un mauvais plancher de bois, une voix calme et jeune l'appela... L'aspect de l'intérieur n'était point tellement désolé. Fort agréablement une lampe au loin répandait une faible lumière, mais qui révélait la beauté des objets ; un parfum qu'on ne pouvait avoir préparé pour la circonstance attestait toute l'élégance de la vie du logis. »

URABE KENKÔ, *LES HEURES OISIVES*

Mon amie Reiko ne s'intéresse absolument pas à ce qui est beau ou précieux. Elle ne recherche pas non plus les toilettes à la mode. Pour elle, la seule chose qui compte, c'est la propreté. Et de Reiko émane cette propreté : sur sa personne, dans ses paroles, ses actes, son attitude. Ses chemisiers sont toujours impeccables, elle est ponctuelle, ne se plaint jamais (elle a pourtant perdu sa fille unique à l'âge de deux ans), elle n'est jamais ni trop enthousiaste ni trop taciturne. Elle ne cesse de répéter que la meilleure façon de laver le sol est tout simplement d'utiliser un chiffon mouillé. Chaque matin, elle fait son ménage et reste fidèle à sa routine : ouvrir grand les fenêtres, tout taper vigoureusement au *hataki* (une sorte de plumeau japonais), attendre que la poussière retombe puis aspirer. Ensuite, essuyer les meubles avec un chiffon mouillé et finir par les poignées de porte. Les dimanches de pluie sont parmi les moments qu'elle préfère. Une fois qu'elle a fini son ménage et que la pluie a tout purifié, elle reste chez elle, dans son univers immaculé, et savoure l'extrême plaisir de ne plus rien avoir à faire. Elle m'explique tout cela alors que nous nous émerveillons devant la beauté d'un temple de Kamakura dont la propreté, le dépouillement et le calme invitent à ces confidences. Il pleut ce jour-là, et même la pluie semble participer à ce grand ménage dont Reiko me parle avec tant d'ardeur. Reiko, son amour de la propreté et les magnifiques kimonos qu'elle porte pour aller travailler font d'elle une de ces geishas oubliées.

Bob le Quaker

« L'art ménager n'est plus le privilège d'une aristocratie. Il s'étend et s'adresse à toutes les classes. Il s'adapte à tous les milieux. »

L'ART MÉNAGER FRANÇAIS, FLAMMARION, 1952

J'ai un ami très beau, très grand, très blond et au visage d'ange, pour qui le ménage a une extrême importance. Il nettoie tout, chaque matin, dans son petit appartement ancien de Tokyo. La propreté et l'ordre qui règnent chez lui sont dignes des temples zen. Sa voisine de palier me dit en riant qu'il nettoie même l'extérieur de l'immeuble de deux étages qu'ils occupent, balayant chaque matin les escaliers, le devant de la maison. Bob ne se dit pas qu'il ne devrait pas être le seul à faire tout cela. Il le fait pour lui. Et il est aimé de tout le monde. Il m'explique qu'il ne nettoie chez lui qu'un endroit à fond par jour, mais que c'est cet endroit immaculé qui lui donne l'envie de s'occuper d'un autre le lendemain. Par exemple, il vide entièrement la cuisine une fois par mois et il lessive les murs, la hotte, derrière le réfrigérateur… Il vit de façon très simple, cherchant toujours une solution avant de se décider à acheter. Il n'a qu'un seul livre de cuisine, offert par sa mère, dont il se sert pour préparer des repas diététiques. Quatre assiettes, couverts, verres lui suffisent à recevoir ses amis. Il entretient ses chaussures, portées tous les jours depuis deux ans, en les enduisant d'huile de vison une fois par saison et dit qu'elles sont aussi neuves qu'au premier jour. Le plus surprenant est que Bob vient d'une famille très riche de quakers. Son père est banquier. Chez lui, m'explique-t-il, on n'a jamais recherché le luxe ni l'apparat. La propreté et la simplicité sont, pour lui et sa famille, un mode de vie, tout simplement, et la source de leur bonheur.

Le ménage pour garder le moral

« *Pour le rossignol, en accueil j'ai balayé auprès de ma haie.* » ISSA

Voici les résultats d'une étude sur les vertus du ménage réalisée par le laboratoire d'une université britannique. Faire 20 minutes de ménage par jour permettrait de diminuer le stress et les troubles de l'humeur. De plus, à la différence d'une activité physique ordinaire, le ménage contribue à se sentir bien chez soi et a une fonction sociale importante pour ces hommes qu'on appelle « les cols blancs » : quand ils s'occupent de leur intérieur, ils ont tendance à se monter plus attentionnés envers leur famille et plus productifs au travail. Ranger une pièce permettrait d'accroître ses capacités de concentration et de mémorisation, les troubles de la concentration étant des signes de déprime. Le ménage est avant tout un rite durant lequel on pose des limites et des priorités, autant de gestes qui nécessitent d'être concentré. On va ainsi ranger immédiatement des affaires et remettre à plus tard d'autres tâches. Dans tous les cas, le cerveau est sollicité. Quand on s'occupe de la poussière, par exemple, chaque bibelot nettoyé rappelle un souvenir. À l'inverse, un milieu sale et en désordre peut faire perdre le moral : la vision d'un intérieur envahi par les objets et mal entretenu nous donne la sensation qu'on ne contrôle ni sa maison ni sa vie.

2

Le ménage : un mal nécessaire

La complainte du temps perdu

« Le Bouddha m'a accordé un peu de temps
Je fais la lessive. » ÔZAKI HÔZAI

Comme l'argent et l'amour, le manque de temps est un des leitmotivs récurrents de notre époque. Mais plus nous semblons en gagner, plus nous nous plaignons d'en manquer. Combien de femmes se désolent de ne pas avoir le temps de faire leur ménage ?

Un jour, quelqu'un a suggéré de substituer le mot « temps » par le mot « intérêt ». Si nous avons du temps pour travailler, c'est que nous avons de l'intérêt pour notre travail. Si nous n'avons pas le temps de voir quelqu'un, c'est que nous n'avons pas trop d'intérêt pour cette personne. On trouve toujours le temps de faire ce qui nous tient vraiment à cœur… Tout est question de priorités. Prendre le temps de vivre, qu'est-ce que cela signifie ? Comment organisons-nous notre vie ? notre temps ? Prenons-nous même le temps d'y réfléchir ?

Ne pas faire ce qu'on doit faire, voilà la véritable perte de temps

« Je fais tout mon ménage le matin pour ne plus rien avoir à faire l'après-midi. » MA TANTE

Ne pas faire ce qui doit l'être finit par devenir un fardeau trop lourd que nous devons porter à chaque instant, inlassablement. Une décision ne devrait pas être difficile à prendre : il faut d'abord regarder la réalité avec autant de lucidité que possible puis voir comment y faire face. Il n'y a souvent qu'une seule solution : passer à l'action. Malheureusement, beaucoup d'entre nous utilisons notre énergie pour des choses qui n'ont aucun rapport avec ce que nous devrions faire et nous perdons pied avec le quotidien, nous enfonçant peu à peu dans le chaos, la confusion et les problèmes. Regardez ce qui est en face de vous et vous reconnaîtrez la direction qu'il vous faut prendre, dit le zen. Ne remettez rien à demain. Outre le stress que produit toujours le fait de ne pas s'atteler à ce que l'on sait devoir accomplir, reporter les tâches à plus tard représente une fuite qui mène à l'échec. À l'inverse, se débarrasser d'une corvée est le meilleur moyen de l'oublier. Mieux : la sensation d'avoir surmonté une difficulté est un bon stimulant pour le moral. Si c'est l'ennui qui vous bloque, commencez par ce qui vous rebute le plus. Si c'est l'ampleur de la tâche, fragmentez-la. « Un voyage de mille lieues commence par un pas », dit Lao Tseu.

Autrefois

« Si je possède une vache, c'est elle qui me trait. »

RALPH WALDO EMERSON

Autrefois, les gens prenaient le temps de vivre pour eux-mêmes (sans éprouver le besoin de recourir au cinéma ou à la radio). Les jeunes filles apprenaient à entretenir la maison. Il fallait allumer le feu, faire bouillir le linge… Aujourd'hui, les tâches quotidiennes sont rendues plus faciles grâce aux progrès technologiques et nos maisons possèdent l'électricité, l'eau courante, le gaz. Elles disposent aussi, du moins dans les pays riches, d'une machine à laver le linge et d'un réfrigérateur, à mon sens les deux seuls progrès réels sur le passé (le reste n'étant souvent que gadget, source d'encombrement et de soucis). Pourtant, si les facilités de la vie moderne soulagent des corvées, elles ne simplifient pas forcément notre quotidien. Autrefois, le ménage était beaucoup plus simple : il n'y avait pas tous ces ustensiles électriques à nettoyer, réparer, changer lorsqu'ils sont trop vieux ou hors normes – ce qui exige des connaissances et de la vigilance. Emerson n'avait pas tort…

Est-ce que le temps est réellement quelque chose qui se « gagne » ? Est-il plus agréable de le passer à bronzer sur une plage qu'à rester au calme chez soi, à ranger, nettoyer, puis savourer le résultat de son travail ? Est-il plus gratifiant de s'agiter comme un zombie onze mois sur douze – ce qui implique le plus souvent de confier le soin sa maison à une femme de ménage (puis de se soucier de ce qu'elle fait ou ne fait pas), de chercher une nourrice pour ses enfants, de commander des pizzas ou autres plats tout prêts – plutôt que de s'occuper de sa famille – et d'alterner alors les moments de repos et les tâches domestiques ? En quoi est-ce « déshonorant » de faire la cuisine, le ménage, d'élever ses enfants ? Et pourtant, c'est bien ainsi que sont parfois perçues toutes ces activités dans notre société.

Ne pas chercher à « gagner » du temps

« Ne quittons pas l'instant. L'instant n'a pas de limite. Nous devrions considérer l'instant comme notre seule sécurité. Apprenez à en découvrir les richesses, les potentialités. Il contient tout. Le stress, la fatigue viennent de notre propre esprit qui vagabonde et s'épuise dans des jeux d'imagination. La pensée s'oriente toujours vers les regrets du passé ou vers les images d'un futur idéal imaginaire. Ce sont les fantasmagories qui n'amènent que souffrance et

solitude car elles se déroulent dans des dimensions qui n'existent pas. Seul le présent est réel. Il est la force de la vie, à partir de laquelle nous pouvons entreprendre, construire et réaliser notre vie. » DUPA REMPOCHÉ, SAGE TIBÉTAIN CITÉ PAR ANNE GARIGUE DANS *L'ASIE EN SOI*

Afin de vivre dans le présent, nous devons toujours garder à l'esprit l'endroit où nous sommes et le moment que nous vivons. C'est ce que nous faisons aujourd'hui qui est le plus important, parce que c'est un jour de plus de notre vie que nous perdons ; déblayer son esprit des pensées inutiles, revenir aux nécessités d'un quotidien sain, simple et régulier, faire de chaque moment un instant sacré, saluer humblement ce moi serein qui est en soi, voilà qui permet de s'assurer que tout va bien malgré les turbulences et les tribulations du monde extérieur.

Ne supprimez pas non plus le plaisir esthétique du ménage pour prendre des loisirs. Non, prenez le temps ranger et nettoyer votre intérieur en profondeur et avec beaucoup de soin. Ce sont ces gestes et ces moments qui donnent du sens à la vie. Le but du ménage est de faire en sorte de vivre mieux, d'être plus à l'aise, d'agir au mieux pour que tout, autour de soi, s'adapte agréablement aux nécessités de l'instant.

Une chose à la fois

« Devant le volubilis
il est homme à déposer
son balai à terre. » FÛMO

C'est plus efficace que d'essayer de tout faire en même temps. Et il n'y a en réalité aucune façon d'agir autrement. Mener trois activités de front est contre-productif car on ne peut prêter à chacune l'attention qu'elle réclame. Et elles deviennent alors ennuyeuses. Exercez-vous à exécuter une seule chose à la fois. Puis marquez une pause nette avant d'entreprendre la tâche suivante. Chaque nouvelle tâche doit être entreprise avec un esprit frais, clair, comme si elle était ce qui compte le plus au monde. Non seulement tout ce que vous faites sera bien fait, mais votre esprit ne sera pas fatigué.

Au Japon, on enseigne l'élégance de l'art de vivre par l'entraînement à la lenteur. Une personne qui reçoit un paquet sait par exemple que la curiosité et l'impatience n'embellissent pas son visage ; elle va l'ouvrir lentement, défaisant la ficelle et l'emballage avec soin, les mettant de côté après avoir méticuleusement enroulé celle-ci, plié celui-là, pour s'occuper ensuite du contenu. Pour un Occidental, cela semble du temps perdu. Mais non : la personne prend simplement le temps de faire les choses, elle cherche à s'affranchir de tout souci et de tout stress en s'entraînant à être patiente et maîtresse d'elle-même dans les petites choses. Car elle sait qu'un jour viendra où elle le sera aussi dans les grandes. C'est dans le même esprit qu'un Japonais prend le temps de faire le ménage, minutieusement et complètement. Il sait que la grande tâche de gouverner son quotidien commence avec les menus travaux en apparence futiles. Il sait aussi que seul celui qui est maître de l'instant présent peut être maître de sa journée et… de sa vie.

L'importance du rythme dans le quotidien

Les personnes créatives sont particulièrement compétentes pour organiser leur emploi du temps et décider de ce qu'elles ont à faire. Elles sont très sensibles au rythme de la vie quotidienne, si efficace pour la santé mentale et la productivité. Pour ces personnes, se fixer un horaire, ce n'est pas s'imposer une contrainte, c'est se relier à son soi physiologique, hormonal et organique, « se connecter » à son environnement. C'est ainsi qu'elles organisent leur vie autour de rythmes journaliers, hebdomadaires et saisonniers, avec des périodes déterminées de travail et de loisirs, de solitude et de rencontres, ce qui permet de rendre plus intense chacune de leurs expériences.

En ce qui concerne le ménage, le principe est de tirer le meilleur parti du lieu que nous habitons pour qu'il nous apporte la quiétude mais aussi qu'il nous incite à nous mettre au travail. La qualité de notre vie dépend moins de ce que nous faisons, avec qui et où, que de *comment* nous le faisons.

3
Comment trouver l'élan initial

Une tâche contre laquelle il est inutile de résister

« *Le plus heureux, qu'il soit roi ou gueux, est celui qui se trouve bien chez lui.* » GOETHE

Pour bon nombre d'entre nous, faire le ménage n'est pas un automatisme : nous nous en occupons quand « ça nous prend ». Cette activité est bien souvent perçue comme une tâche pénible, une corvée. Ce n'est pas une habitude gravée en nous, comme se brosser les dents ou prendre son bain. Alors nous agissons selon nos humeurs, faisant de l'acte ménagé un choix. Et c'est dans le fait d'en faire un choix que réside le problème. Un vrai choix doit avoir du poids et de la solidité. Mais vivre dans une maison en désordre ne peut être un choix. La vaisselle qui traîne dans l'évier, les mauvaises odeurs émanant de la hotte ou de la poubelle, les objets dispersés et introuvables sont autant de sources de désagréments qu'il nous faut subir et gérer. Le plus pénible, au bout du compte, est que nous sommes partagés entre effectuer ce que l'on nous a programmés à considérer comme une corvée et supporter ce que l'on sait être une entrave à notre bien-être.

Refuser demande parfois plus d'efforts qu'accepter. Cela ne veut pas dire qu'il faille accepter n'importe quoi. Mais vous pouvez considérer tout ce qui s'offre à vous comme une opportunité, comme un cadeau. Pour certains, ne pas passer un coup de fil peut sembler a priori plus facile que de le passer. Cependant, le fait de s'être abstenu pourra les hanter pendant des mois et prendre plus de place que nécessaire dans leur esprit. Ce que nous pensons du dépoussiérage, du nettoyage, des vitres à laver est, de toute évidence, une question de point de vue. Si nous considérons ces activités comme des corvées, elles *seront* des corvées. Si nous les envisageons comme un moyen de rehausser la qualité de notre vie, elles deviendront un besoin. Et une fois que nous avons reconnu l'utilité du ménage, il devient plus simple de nous y mettre, mettant ainsi un terme à un débat oiseux sur l'intérêt ou non du ménage…

Faire le ménage est souvent plus mental que physique

« *Il n'y a rien de bon ou de mauvais en soi, c'est la pensée qui rend les choses telles.* » SHAKESPEARE

Il est difficile – voire pénible pour certains – de se conformer à des tâches « obligées » quand ils n'en ont pas envie. L'énergie ne peut alors se développer. Mais c'est le conflit entre agir et ne pas agir qui nous paralyse. Pourquoi s'emprisonner dans de tels questionnements ? Faire le ménage est souvent plus mental que physique.

Regardez longuement, très longuement autour de vous. Qu'est-ce qui a besoin d'être nettoyé, réparé ? Les choses sont-elles en désordre ? Y a-t-il des endroits sales qui ne se voient pas ? Quel message vous envoie tout cela chaque jour ? Lorsque vous voyez une petite tache quelque part, quel effet a-t-elle sur votre vie ? Mettez-la au plein jour, regardez-la avec lenteur, avec attention. Reconnaissez qu'il n'est pas difficile de la nettoyer. Si vous persévérez, jour après jour, cette tache perdra de sa force et de son pouvoir sur vous.

Routines et automatismes

« *Mettre du cœur à l'ouvrage, c'est, par une intuition intérieure, redonner de l'élan quand l'élan vient à manquer.* » JEAN-CLAUDE KAUFMANN, *LE CŒUR À L'OUVRAGE*

Faire sa toilette ou prendre ses repas sont des actes automatiques. On ne se demande pas pourquoi on le fait : on le fait. Il devrait en être ainsi pour le ménage. Idéalement, c'est la nature du moment qui crée les habitudes, apporte l'élan pour s'engager dans telle ou telle activité. La conscience ne devrait pas intervenir. Ces actes du quotidien relèvent de l'habitude, de l'automatisme. Ils devraient être tellement ancrés en nous, et leur évidence ressentie si clairement, que le corps ne devrait pas avoir à refuser de s'y soumettre. Mais tout cela n'est malheureusement pas évident pour tous. Certains manquent de cet élan vital qui nous maintient physiquement et moralement en bonne santé.

Les routines ne sont pas monotones

« *D'un tas de balayures*
veux me faire une montagne
pour la lune d'automne. » ISSA

Alors qu'une règle est ressentie comme quelque chose d'imposé, une discipline devient, avec le temps, un automatisme. On peut d'autant mieux s'y astreindre qu'on sait que cela deviendra une habitude dont on retirera de l'énergie et un état de détente.

Pour la plupart d'entre nous, le mot « routine » est synonyme de « monotonie », de « grisaille ». Mais que peut vraiment nous offrir une prétendue liberté de n'agir qu'à sa guise, sans horaires ni obligations ? Que serait la routine sans ces petits riens qui nous portent ? Ne risquerait-on pas une désorganisation, un lent enfoncement dans le chaos ? Pouvons-nous échapper à nos biorythmes, aux cycles du soleil et de la lune, aux exigences de notre organisme à certaines heures, certains moments ? La routine, c'est la roue de la vie, l'ingénieur du quotidien qui sommeille en nous.

Dans le *Shôbôgenzô Zuimonki*, Dôgen, le fondateur du zen sôtô au Japon, dit que nous devrions vivre chaque jour, chaque heure dans le même esprit qu'un homme qui tombe de cheval. Juste avant qu'il ne touche terre, tout ce qu'il a appris, toute son habileté ne lui est d'aucune utilité, et le temps lui manque pour réfléchir, rêvasser ou se faire des reproches. Il agit donc sans recourir à son mental pour atterrir en souplesse. Lorsque nous sommes face à une menace, nous n'avons aucun temps à notre disposition. Nous ne pouvons pas tergiverser. Tout dépend des automatismes que nous avons mis en place dans notre vie par un travail quotidien. Nous devons donc former des automatismes en nous pour ne pas avoir à agir sous la contrainte. Sinon, nous perdons la paix du cœur.

Les routines soulagent le mental

« *J'ai ce goût profond de gérer la maison.* »

MARGUERITE DURAS, *LA VIE MATÉRIELLE*

Nettoyer son évier aussitôt après l'avoir utilisé, remettre ses lunettes à leur place après les avoir sorties, laver son sol le matin peuvent devenir des automatismes. Suivre une routine, s'appliquer à en exécuter toutes les étapes, une par une, et sachant qu'il y aura un beau résultat à la fin, peut transformer le ménage en une sorte de jeu, de rituel, et apporter la satisfaction de faire ce qu'il y a à faire sans se poser de questions. Faire ce qu'il y a à faire permet de désencombrer son esprit : si vous avez une liste de choses à accomplir quotidiennement, vous ne perdrez plus de temps à vous demander ce que vous avez à faire, quand et où, et ne laisserez pas le désordre s'installer au gré de vos humeurs.

Briser les résistances psychologiques à la routine

Nous posons-nous la question de savoir si nous allons nous brosser les dents au lever ou boire un café pour nous réveiller ? Non, parce que se nettoyer la bouche après le sommeil est agréable, prendre un café chaud fait du bien. Ces deux automatismes nous mettent en forme et nous apportent une satisfaction physique.

Le corps adopte toujours les habitudes qui lui font du bien, qu'elles soient bonnes ou… mauvaises. C'est le plaisir qu'on en retire qui nous donne de l'énergie, de l'élan. Nettoyer son appartement le matin et en ressentir les bienfaits sur le moral toute la journée est quelque chose qu'on peut « expérimenter » pendant 28 jours (la période nécessaire, selon les Japonais, pour qu'une routine devienne une habitude). Le corps retirera tant de bienfaits de cette pratique qu'il n'aura plus besoin que le mental lui dise de persévérer dans cette routine. Elle sera devenue une habitude, parce qu'elle sera ressentie comme un besoin. Le jour où l'on a « compris » cela, tout devient simple : on sait qu'il faut le faire.

Permettre à l'automatisme de s'installer

« Une matinée de neige.
La fumée s'élève du toit principal.
Quel bonheur ! » BUSON, *L'OMBRE DE LA NEIGE*

Laver les vitres. Et s'il pleut ? Est-ce que je perds mon temps ? Est-ce que je n'ai pas mieux à faire, comme aller à la plage ou m'accorder une sieste ? Trop de questions ne peuvent permettre aux automatismes de s'installer. Pour transformer une tâche en automatisme, il faut se refuser le droit de penser, l'envie de réfléchir et de se demander sans cesse si une tâche est pertinente ou non. Ce n'est qu'une fois que l'automatisme sera ancré en soi qu'on pourra, de temps en temps, s'autoriser une exception. Plus les chaînes d'habitudes et de gestes sont longues, moins la pensée et les sensations interviennent pour opérer des choix, moins l'articulation des maillons nécessite une « conscience lucide ». En d'autres termes, plus on remet en question les habitudes, plus elles perdent de leur force.

Lorsqu'on veut apprendre à conduire, il ne faut pas se demander à quoi sert de regarder dans son rétroviseur, même si l'on se trouve sur le bord d'une route dans une campagne déserte. On apprend à en faire un automatisme. Pour le ménage, c'est la même chose.

Développez une routine domestique

« Aspirer encore à la netteté d'un plateau à tabac épousseté chaque matin, songer à la bonne âpreté d'un thé vert, à l'exact degré d'un saké bien chauffé et à d'autres désirs du même ordre... »

NAGAÏ KAFÛ, *INTERMINABLEMENT LA PLUIE*

Fixez-vous pour commencer une courte routine de ménage quotidien. Il vous suffit de vous lever 15 minutes plus tôt. Pourquoi ne pas vous élaborer une feuille de route « Ménage quotidien en 15 étapes 15 minutes » ? (Attention : les endroits qui demandent le plus de temps ne sont pas les plus spacieux mais les plus utilisés, à savoir la cuisine, la salle de bains et les toilettes.)

Dressez une liste pièce par pièce de toutes les tâches ménagères à accomplir et décidez de celles que vous pouvez faire le matin et de celles que vous gardez pour vos jours de congé.

Plus votre plan de travail quotidien sera précis, plus son exécution sera facile. Les travaux ménagers sont allégés lorsqu'on procède par étapes et qu'on intercale de petites tâches faciles au milieu des besognes de longue haleine. Il vous faudra diviser votre liste en « nettoyages courants » et « grands nettoyages ». Les premiers seront presque toujours quotidiens, les autres mensuels. Il en est d'autres qui auront un rythme hebdomadaire selon l'existence que vous menez ou les obligations à remplir dans votre logis (famille nombreuse, réceptions régulières…). Vous devez aussi tenir compte, bien évidemment, du nombre de personnes qui habitent la maison.

Vous pouvez aussi vous constituer une liste de « Comment… ». Il existe des solutions à tout, à moindres frais et sans que cela exige beaucoup d'efforts, à condition d'en connaître les secrets. Ou de s'en souvenir… Vous pouvez trouver des idées sur le site Internet www.comment-faire.fr

QUELQUES LISTES POSSIBLES

Mes routines de ménage quotidiennes
Mes routines de ménage hebdomadaires
Mes routines de ménage mensuelles
Mes routines de ménage annuelles
La liste des tâches à confier à...

Une routine pour tous ?

« *Si je vois de la poussière sur un meuble, je prends un chiffon et l'enlève. Sinon, j'ai l'impression que cette poussière va s'installer dans mon esprit. Et ce qui est curieux, c'est que je ne considère pas cela comme une corvée. J'ai l'impression que je polis mon esprit à chaque fois que je nettoie.* » UNE INTERNAUTE

Tout dépend des personnalités, des moments, de la condition physique… L'essentiel est d'être lucide sur ses fluctuations et de savoir s'il est meilleur pour soi de s'astreindre à une routine ou de ne pas se l'imposer. Dans nos vies, partout et en toutes choses, se produit l'oscillation du pendule. Les vagues s'élèvent et retombent. Notre énergie augmente puis faiblit. Nos humeurs s'améliorent ou empirent, nos désirs, nos sentiments changent. Mais le propre de l'être humain, au contraire des animaux, c'est de pouvoir exercer son libre arbitre et intervenir sur de tels changements. Même les personnes les plus récalcitrantes aux routines peuvent les adopter et les adapter à leur personnalité à partir du moment où elles en comprennent les bienfaits.

Fixez-vous une méthode pour procéder dans un certain ordre. Cela vous évitera de vous laisser distraire, d'avoir l'impression que tout n'est pas parfaitement terminé, que vous avez oublié quelque chose ou que vous auriez pu faire plus. S'occuper de son ménage le matin et savoir qu'on n'aura plus à y penser ensuite est un soulagement pour l'esprit. Le zen recommande de vivre chacune de ses journées aussi méticuleusement que possible. Commencer par la propreté, c'est « se préparer » à bien vivre chaque instant, à profiter de chaque journée comme si c'était la plus importante de sa vie.

Vous verrez alors ce que cela change dans votre vie. Ce rituel vous paraîtra peut-être rassurant et vous apportera un peu plus d'équilibre. Si vous transformez le ménage en rituel et que vous pliez votre esprit et votre corps à ce rituel, cela balaiera toutes vos hésitations. Vous découvrirez alors que se demander si l'on va faire ou ne pas faire certaines tâches est une question existentielle stressante : si je ne faisais pas tout cela, qui serais-je ? À quoi ça sert de vivre, de faire le ménage ? Quelles sont mes aspirations ? La vie dont je rêve ? Pour certains, la vie est divisée en deux : les temps ordinaires, où l'on se contente du minimum – comme un ménage en gros ou pas de ménage du tout –, et d'autres moments où « il faut que tout soit impeccable ». En se fixant ses propres routines, on met fin au tiraillement entre des exigences contraires. Entre deux conceptions de la vie idéale. Entre deux conceptions de soi. De plus, les routines devenues des rituels rythment notre temps – elles marquent toujours un avant et un après – et permettent de passer d'une activité à une autre dans de meilleures dispositions.

Réajuster les routines pénibles

« *En ce jour de ménage*
Tous les dieux et le Bouddha sont dehors,
Assis dans l'herbe. » SHIKI MASAOKA

Demandez-vous s'il y a de la joie et de la légèreté dans ce que vous êtes en train de faire maintenant. La vie vous paraît-elle un fardeau et une lutte ? Si vous ne ressentez pas de joie dans ce que vous accomplissez en ce moment, ce qu'il faut peut-être changer, ce n'est pas tant ce que vous faites que *la manière* de le faire.

Nous ne devons jamais essayer de tout faire à la fois mais une chose après l'autre. Nous n'avons alors que le devoir du moment à accomplir avec calme, amour et plaisir. Nos minutes sont trop précieuses pour les gaspiller à nous inquiéter du lendemain. Il s'agit plutôt d'employer le temps qui s'enfuit pour accomplir immédiatement ce que nous avons décidé. Il s'agit d'atteindre maintenant ce que nous désirons, de faire le premier pas, de donner le premier coup de bêche, de prendre les premières mesures, d'engager les premières démarches, car chaque moment perdu signifie force gaspillée, argent gâché, richesses dilapidées. Travailler, c'est vivre, et la vie a besoin de joie pour se déployer dans toute sa plénitude.

Autres lieux, autres rituels

« *Changement d'habits.*
Le printemps a disparu
dans la grande malle. » SAIKAKU

En Europe autrefois, nous avions le ménage de printemps, le grand « blanc ». Chez les Indiens navajos, on avait coutume de tout brûler (ustensiles de cuisine, vêtements…), de prendre des plantes laxatives pour un lavage d'estomac, de jeûner pour accueillir l'année nouvelle.

Au Japon, le grand ménage se fait aussi avant le nouvel an. Tout le monde s'y met. Les employés des stations de métro astiquent tout de fond en comble, dans les bureaux on passe les deux ou trois derniers jours de travail à trier les papiers, faire le ménage dans les tiroirs, laver le sol, le plafond, les vitres… Certains Japonais profitent de la nouvelle année pour renouveler intégralement leur lingerie et leur linge de maison. Mais une des coutumes que je préfère est celle du *korogae* : il s'agit de troquer sa garde-robe d'hiver pour celle des jours plus chauds. Le 1er octobre et le 1er juin, très exactement, les maîtresses de maison japonaises entreprennent un nettoyage complet de leurs vêtements de saison, les envoient au pressing, les lavent, les mettent dans des sacs pour les protéger contre l'humidité et les mites, marquant ainsi, symboliquement, le passage des saisons. On sait alors qu'un cycle s'est terminé, qu'un autre commence. Et quel plaisir que d'ouvrir son armoire pour n'y découvrir que les vêtements que l'on peut porter !

Le meilleur moment pour faire le ménage

« *Faire le ménage le soir apporte les malheurs.* »

PROVERBE TURC

De la nature, nous apprenons beaucoup. L'idéal serait de pouvoir vivre au rythme du soleil et de profiter des premières heures pour se revitaliser et préparer sa journée. Le reste du monde est encore endormi et l'atmosphère n'est pas encore polluée par le tourbillon des pensées et des activités. C'est aussi le meilleur moment pour entreprendre le ménage. Tout ce qui suivra sera alors empreint de beaucoup plus de clarté d'esprit – un esprit qui aura été réveillé par une petite séance d'exercice physique. Un corps qui doit se remettre en marche après l'immobilité du sommeil. Réservez-vous aussi un jour de repos chaque semaine. Le dimanche est parfait pour l'oisiveté. Nettoyer le samedi matin sa maison un peu plus à fond que les autres jours, faire les courses pour la semaine à venir, cuisiner pour le lendemain, voir ses amis le soir et, le dimanche, apprécier la quiétude d'un intérieur propre, la parfaite liberté de ne rien faire ou d'aller se promener, ou encore de lire aussi longtemps qu'on le souhaite. Lorsqu'on donne un sens clair à son emploi du temps, il n'y a pas de sentiment de temps perdu. Garder à l'esprit ce qui fait l'essentiel de sa vie, c'est réaliser que son monde domestique est toujours le résultat d'une construction personnelle. Nous sommes les architectes de notre temps, de notre vie.

L'organisation du temps dans la vie des temples zen

« Il y a dans le zen une façon unique d'harmoniser tension créatrice, rythme et harmonie dans l'existence. »

ESHIN NISHIMURA, *UNSUI : UN JOURNAL DE LA VIE MONASTIQUE ZEN*

Il existe un point commun à toutes les formes de bouddhisme, qui est de considérer que nous ne pouvons échapper ni aux changements récurrents de la vie ni aux répétitions du quotidien. Qui que nous soyons, nous devons accepter ces deux constantes. Les adeptes du zen ont donc établi un calendrier annuel visant à équilibrer le mieux possible leurs diverses activités, n'omettant pas, bien sûr, d'y intégrer l'imprévu, la fantaisie, les moments appropriés au rythme des saisons et les besoins de chacun au sein de la communauté.

Les dates des diverses tâches du temple sont chacune une occasion de relier les divers moments tout en marquant une pause entre ces moments qui, quelque triviaux qu'ils apparaissent, donnent une continuité au temps. Que de contraste avec la brutalité de nos vies trépidantes ! La vie dans le temple est vécue avec une humanité extrême : au dur labeur succède le repos ; à la méditation assise, le ménage vigoureux et les travaux de jardinage ; aux repas frugaux du quotidien, les bons plats de nouilles ; aux périodes de zen intensif de chaque trimestre (17 heures chaque jour à méditer face à un mur pendant toute une semaine), les fêtes, le gai abandon des soirées du solstice d'hiver arrosées de saké et pleines de rires…

La gestion du temps, l'importance accordée au ménage, au repos, au travail de l'intellect sont les fondements d'une vie équilibrée et sereine. Que la routine du ménage soit quotidienne, épisodique ou ponctuelle et intense, elle mérite une prise de conscience : c'est tout simplement la qualité de notre vie qui en dépend.

4
Soigner l'esprit par le corps et le corps par l'esprit

L'inactivité peut engendrer la maladie

« *L'œuvre la plus grandiose s'accomplit nécessairement par de menus actes.* » PROVERBE TAOÏSTE

On ne peut nier – et beaucoup de spécialistes en conviennent – qu'un certain nombre de maladies sont provoquées par un moral perturbé et le manque d'exercice physique. Ainsi fragilisé, on a tendance à oublier qu'il n'y a que dans l'action que l'on peut exprimer ce que l'on est. C'est pourquoi le travail (en l'occurrence le ménage) représente une forme de thérapie. Les principes qui sont à l'origine de l'ergothérapie ont été développés dans l'Antiquité par le médecin grec Galien, qui soutenait que le travail est le meilleur des médecins et qu'il est même essentiel au bonheur. L'idée a été reprise en Europe au XVIIIe siècle comme un moyen de traiter les maladies mentales. L'esprit, diverti de ses obsessions et utilisé de façon constructive dans une activité physique, détourne le malade du monde sans forme de ses émotions en portant son attention au travail. En accomplissant une tâche manuelle, il peut voir ce qu'il a réalisé, mesurer ses compétences et se libérer du cercle vicieux de la préoccupation de sa propre personne. On peut avancer de la même manière que faire le ménage aide à contrecarrer les sensations négatives et à rétablir un équilibre intérieur.

Ceux que le ménage ennuie s'ennuient souvent dans leur vie

> « *Notre culture est actuellement assoiffée de sens, en demande de choses qui nous relient avec le monde et avec les autres, de moyens qui soient une vraie nourriture de l'âme.* » CARL HONORÉ, *ÉLOGE DE LA LENTEUR*

Les personnes s'ennuient généralement parce qu'elles ne font rien. Et si elles ne font rien, c'est parce que rien ne leur semble apporter un sens à la vie. Elles trouvent parfois une activité nouvelle qui, pensent-elles, leur apportera autre chose, mais elles s'en lassent très vite et retombent dans l'ennui. Le neuf a tôt fait d'être vieux et la promesse d'obtenir un sens personnel est toujours différée. Le pire, dans l'ennui, est cette impression de ne pas « vivre », de mener une vie rétrécie, qui nous échappe, qui ne permet pas d'avoir accès au fond de l'existence.

On ne devrait pas, bien sûr, faire le ménage pour combler l'ennui. Faire le ménage est, au contraire, une façon d'accepter la vie, d'accepter le quotidien, d'entretenir son environnement, sans lequel on ne pourrait fonctionner normalement.

De nos jours, beaucoup de nos attentes et de nos besoins ont été comblés. Mais il reste un obsédant sentiment de vacuité. Le zen enseigne que c'est en prenant soin de soi, en assurant soi-même ses besoins que l'on retrouve un sens à la vie. La technologie et le consumérisme nous l'ont fait oublier.

Faire son ménage, c'est redécouvrir quelque chose d'extraordinaire qui était déjà en nous : le plaisir de sa propre existence. C'est réaliser que n'avoir ni faim ni froid, avoir un toit, c'est cela être heureux. C'est réaliser que le bonheur, c'est d'abord le repos du cœur et de l'esprit dans son intérieur et non quelque chose qui nous arriverait de l'extérieur. C'est, en quelque sorte, ne plus avoir besoin de plaisirs. On découvre alors un bien absolu : le sentiment d'exister, de vivre dans la dignité et dans un juste équilibre. Cette propreté si particulière que nous apporte le ménage accompli avec conscience et régularité – comme une chose à faire, un automatisme – n'a rien à voir avec l'hygiénisme aseptisé que prône la publicité et qui nous déshumanise.

Faire son ménage : un antistress contre le mal de vivre

> « *J'aime me mettre à mon bureau quand tout est à sa place. Je suis maniaque. Un intérieur bien tenu, chaque chose à sa place, un rituel immuable permettent d'être libre. Avec tous ces rites, on a confiance dans le temps.* » DOMINIQUE ROLLIN

Avec le stress de la vie moderne, de plus en plus de personnes sont fatiguées, anxieuses. Pour soulager ce mal de vivre, elles s'adonnent aux jeux, à des loisirs dans des lieux peuplés et bruyants, oublient tout devant leur écran de télévision ou d'ordinateur… Leur esprit prend l'habitude d'errer, l'anxiété survient et le chaos existentiel s'installe.

Cet abus de loisirs passifs les rend progressivement incapables d'agir, les amenant à se laisser aller, leur enlevant le courage et l'envie de mettre de l'ordre autour d'elles. Elles semblent alors se départir de toute responsabilité, perdant ainsi le contrôle de leur vie. Or, c'est précisément ce contrôle qui permet de réaliser quelque chose de créatif ou de positif.

Dans *Vivre. La psychologie du bonheur*, Mihaly Csikszentmihalyi a mis en valeur que nous pouvons passer beaucoup de temps devant la télévision sans que cela nous apporte de véritable satisfaction alors que, paradoxalement, les moments où nous sommes le plus investis dans ce que nous faisons, les moments que nous vivons avec le plus d'intensité (ce qu'il appelle l'expérience optimale) se déroulent au travail (où lorsque nos loisirs exigent de nous d'être actifs et impliqués).

Concentration, engagement, défi, compétence, contrôle des choses caractérisent ce type d'expérience.

Les personnes qui vivent seules connaissent les dangers de l'oisiveté. Elles s'astreignent alors à des routines : se lever tôt le matin, faire sa toilette, son ménage, s'habiller, cuisiner… Elles savent que ce sont ces habitudes qui contribuent à apporter un ordre dans leur vie et que ce n'est qu'en se gardant actives et en s'imposant une routine qu'elles peuvent échapper aux affres de la solitude et de la déprime.

Se concentrer sur ce qui a besoin d'être fait pour ne plus déprimer

« *Une tente nomade, sérénité du vide, lieu de paix provisoire, de discipline sans impatience. Apaisement, attente sans objet. Jouissance intensive du fugitif. Refaire un à un les gestes de l'homme assis sur les talons devant la tâche quotidienne. Ascèse d'apparier souffles et rythmes. Aller sans rien donner ni recevoir. L'allée est vivre, se dépouiller, laisser vêtements et investitures.* » WERNER LAMBERSY, *MAISONS ET MAÎTRES DE THÉ*

Se concentrer sur ce qui a besoin d'être fait, et passer à l'acte, permet à l'esprit de moins chercher à fuir en rêvant. Au lieu de se focaliser sur le passé, il se concentre sur ce que la vie demande de lui, ici et maintenant. Cette pratique consistant à rester dans le présent, à nettoyer et éliminer ce qui n'est plus nécessaire à nos besoins, apporte une nouvelle fraîcheur. Le zen insiste sur le fait qu'il ne faut jamais couper le corps de l'esprit, ni déconnecter le savoir du concret et du quotidien. Il enseigne que le dépouillement et la propreté de l'endroit où nous vivons influent naturellement sur notre esprit. Cela se reflète aussi sur ce qui se passe en nous et se manifeste dans notre vie.

Nettoyer le sol, le frotter jusqu'à ce qu'il brille, offre une excellente opportunité de détendre son esprit, d'oublier ses tracas. Ah ! le simple plaisir de faire la vaisselle, de sentir l'eau chaude, de voir les plats redevenir propres avec si peu d'efforts ! Ce serait merveilleux si tout ce que l'on entreprenait fournissait toujours en si peu de temps des résultats aussi gratifiants ! Il y a quelque chose de profondément gratifiant dans le fait de travailler de ses mains.

Comme l'enseigne le zen, « ne laissez pas de traces ». Balayez le passé, les chagrins et les ennuis. En faisant le ménage à fond, apprenez à poser au sol ce que vous transportiez. Débarrassez-vous du fardeau dont la vie vous a chargé.

Soigner le stress par la lenteur

« *Le ménage, les balais et autres chiffons sont une entrée qui ouvre sur des horizons plus larges. Car le monde ménager n'est pas un monde à part. Le mécanisme secret qui l'agite développe ses rouages dans bien d'autres lieux : ceux où s'enchaînent les gestes simples, où s'épanouit la vie ordinaire.* » JEAN-CLAUDE KAUFMANN, *LE CŒUR À L'OUVRAGE*

Si vous n'êtes pas stressé, faire le ménage rapidement et efficacement est l'idéal. Mais si vous avez besoin de changer de vitesse et de retrouver un rythme de vie serein, vous exercer à ralentir vos mouvements peut vous aider à retrouver le calme intérieur en quelques minutes seulement et, surtout, à renouer le contact avec vos sens et avec votre environnement.

Le ménage, dans l'idéal, devrait être une activité lente. La véritable joie à le pratiquer naît davantage du temps que l'on y passe que du résultat. Le ménage pourrait même constituer un apprentissage de la lenteur. Une lenteur qui aiderait à démêler l'écheveau de ses pensées. Une merveilleuse façon de remettre de l'ordre dans sa caboche. Carl Honoré, dans son *Éloge de la lenteur* (Marabout, 2005), vante les mérites du tricot pour retrouver le calme intérieur. Pratiquer la lenteur dans des tâches manuelles et quotidiennes nous aide à reprendre contact avec l'immédiateté de notre vie, quand notre bonheur devient de plus en plus transitoire et artificiel. De plus, ralentir le rythme est une méthode comme une autre pour vaincre l'ennui. Les maîtres zen enseignent à vivre le plus consciemment possible les moindres gestes du quotidien, car c'est en eux que se trouve notre inspiration. Une réceptivité totale nous rend attentifs aux vibrations du monde, à la nuance de l'aube, à la lente métamorphose des choses et de la vie.

Les gestes répétitifs et l'achèvement d'une tâche nous apaisent

« *Le ménage… c'est le premier et le plus simple des travaux du cœur.* »

JEAN-CLAUDE KAUFMANN, *LE CŒUR À L'OUVRAGE*

Charles Beer, conseiller d'État genevois, disait combien faire la lessive et le ménage, activités concrètes et mesurables, l'apaisait. Balayer, essuyer la vaisselle, répéter rythmiquement un geste, un mouvement, a le pouvoir de calmer, de dissoudre l'angoisse ou le stress. Au contraire, tout ce qui est arythmique et irrégulier fatigue, car la volonté, le moi conscient et l'attention sont plus largement mis à contribution. S'immerger dans une activité physique sans calcul ni réserve est un élixir de santé mentale. De plus, achever quelque chose apaise. Selon la psychologue américaine Bluma Zeigarnik, la petite tension induite par le fait d'avoir des « choses à faire est apaisée par leur achèvement, ce qui facilite leur oubli conscient. Ne pas pouvoir terminer quelque chose qu'on a entrepris engendre, au contraire, une émotion négative. » D'où cette devise : « Achever apaise ! »

Faites du ménage une activité obligatoire. Il y en a tant d'autres, dans nos vies modernes, que nous ne pouvons achever parce qu'elles sont fragmentées, formant, mises bout à bout, une gigantesque succession d'interruptions et de frustrations, dont nous ne sommes même plus conscients mais qui engendrent des états d'âme négatifs extrêmement pesants. Au moins, lorsque vous faites votre ménage, vous avez la satisfaction d'accomplir complètement une tâche, ce qui génère un sentiment de calme et de contentement. D'ailleurs, plus vous vous entraînerez à faire votre ménage jusqu'au bout et parfaitement, plus vous prendrez soin d'achever le travail le plus insignifiant et de mener à bien tout ce que vous entreprenez, plus cette habitude vous permettra, dans d'autres domaines, de vous adapter rapidement à une nouvelle tâche urgente et de l'accomplir avec succès.

S'épanouir en ne faisant qu'un avec chaque tâche

« *La précision est une victoire sur l'approximation et l'esprit d'amateur, la hâte et l'oubli, la tendance à faire les choses à moitié et de se tromper soi-même. Cela signifie répondre tout de suite aux lettres, garder les choses en ordre, laver la vaisselle avec soin, épousseter là où la poussière n'est pas visible.* »

PIERO FERRUCCI, *BEAUTY AND THE SOUL*

Dans la culture asiatique, l'état de plénitude est au centre des textes des plus anciens penseurs, notamment dans le taoïsme. Selon Chouang Tseu, vivre bien exige un engagement total, sans considération pour les récompenses extérieures. Il donne l'exemple de Ting, un humble cuisinier boucher : « Ting découpe un bœuf pour le seigneur Wen-hui. À chaque geste de la main, à chaque soulèvement de l'épaule, à chaque déplacement du pied, à chaque poussée du genou, zip ! zoop ! il descend le couteau avec grâce et tout se fait dans un rythme parfait, comme s'il effectuait la danse d'un champ de mûriers ou marquait la mesure de la musique Ching-Shou. Le seigneur le complimenta pour son habileté, mais Ting répondit que ce n'était pas affaire d'habileté : "Ce que je vise, c'est la Manière, ce qui est au-delà de l'habileté… Lorsque j'arrive à un endroit plus complexe, j'évalue les difficultés, je me rappelle de tout surveiller et d'être attentif, de diriger mes yeux sur ce que je fais, de travailler lentement et de déplacer mon couteau avec la plus grande délicatesse jusqu'à ce que, flop, l'ensemble se sépare… Je demeure immobile un moment et je regarde autour de moi ; je suis tout à fait satisfait et j'hésite à me déplacer ; ensuite, j'essuie le couteau et je le pose." »

Plus que les conditions objectives, ce qui compte c'est le jeu de l'esprit et le fait de se placer au-dessus des choses. On peut trouver un défi et l'occasion d'utiliser ses compétences dans tout ce que l'on entreprend. De cette concentration émerge un soi plus fort. Le travail devient ainsi source d'enchantement, comme s'il avait été librement choisi. Plus nous nous passionnons pour une tâche, plus nous en découvrons le côté intéressant et utile. Celui qui a pris l'habitude de travailler dans l'enthousiasme ne s'aperçoit pas de la fuite du temps. Son cœur reste jeune, comme son visage.

L'esprit et le corps enfin réunis

Concentrer son esprit sur les mouvements du corps pendant le ménage contribue à unifier son esprit et son corps. La charge du mental diminue jusqu'à évoluer vers une sérénité reposante. Du fait de la communion entre les profondeurs intimes de notre esprit et les objets qui nous entourent, le geste et le corps deviennent un pivot autour duquel nous nous ancrons mieux dans le présent et la réalité. On acquiert alors une nouvelle façon de vivre chez soi ; un nouveau plaisir s'est révélé, un nouvel équilibre a été trouvé. Ce qui peut même engendrer un changement favorable de certaines habitudes, comme cesser de fumer ou consacrer plus de temps à sa vie privée et à son intérieur. Oui, le ménage peut avoir un effet thérapeutique et holistique sur nos vies.

Le ménage, une tâche enrichissante

« *Le secret du bonheur n'est pas de faire ce que l'on aime, mais d'aimer ce que l'on fait.* » J. M. BARRIE

Plus une société atteint un haut niveau de technicité et de développement, moins l'individu s'investit dans la communication par le toucher, des instruments médiateurs remplaçant le contact direct. Si la vie n'a aucun intérêt, l'esprit s'en va. Et l'on devient comme un robot. N'avez-vous jamais eu l'impression de compter un trésor en rangeant dans l'armoire vos belles piles de linge propre et repassé ? Ces gestes doux apaisent, calment : on comprend que le plaisir repose sur quelque chose de plus profond que cela peut paraître. Draps amidonnés, futons séchés au soleil, bois poli et odorant que l'on essuie… Le seul fait de passer le chiffon sur le téléphone, d'épousseter les livres, d'aérer les couvertures, d'enlever les miettes du grille-pain ou de changer l'eau des fleurs nous fait éprouver une sorte d'intimité avec les objets qui nous entourent, permet une communion plus étroite et plus sereine avec les choses de la vie. Comment sont-elles arrivées dans notre existence ? Que nous apportent-elles ?

L'autodiscipline

« *Dans une société où il n'y a plus de règles, l'individu souffre d'anxiété.* » MIHALY CSIKSZENTMIHALYI, *VIVRE. LA PSYCHOLOGIE DU BONHEUR*

Bien des personnes fuient en entendant le mot « discipline ». Mais que deviendrions-nous si nous n'en avions aucune, si nous nous laissions aller à boire, manger, dormir, ne rien accomplir de nos journées et à nous faire servir ?

Les temples zen imposent des règles très précises quant au bon fonctionnement de leurs communautés. Il y a des règles pour fermer et ouvrir une porte, entrer ou sortir d'une pièce, réclamer ou refuser une seconde portion de riz… Mais ces conventions, acquises grâce à l'observance d'une discipline stricte, sont particulièrement libératrices: on sait ce que l'on doit ou ne doit pas faire. L'esprit ne se pose plus de questions. Et c'est cette rigueur qui, en définitive, apporte la liberté. L'effort, la conquête et le dépassement personnel au quotidien procurent des satisfactions souveraines. On dit qu'un enfant, jusqu'à l'âge de douze ans environ, a la faculté de retarder la satisfaction pour faire passer ses devoirs en priorité. Ensuite, une fois qu'il se sent devenir indépendant, il perd cette faculté. Il agit de plus en plus en suivant son seul plaisir, et c'est là que sa vie se complique.

Ceux qui perdent la faculté de faire passer le devoir avant la satisfaction perdent leurs chances de réussir leur vie. Ils ne savent plus commencer par se débarrasser de ce qu'ils considèrent comme pénible pour obtenir le plaisir ensuite. Mais ce n'est qu'en planifiant le devoir avant le plaisir qu'on peut vivre bien. Un adulte qui fuit les douleurs et les sacrifices fuit aussi la liberté. Il ne réalise pas que le monde est plus dangereux de l'intérieur qu'à l'extérieur.

Se libérer du « faire ou ne pas faire »

« *Accepter quelque chose d'inévitable, c'est ne plus le subir. C'est devenir libre.* »

CORINE SOMBRUN, *MON INITIATION CHEZ LES CHAMANS*

Étonnant parallèle, donc, que cette double purification entre l'apaisement intime et la remise en ordre par le ménage : la tête se vide de ses impuretés en même temps que les mains nettoient ; les idées se remettent en ordre en même temps que les objets retrouvent leur place. Le corps, mis en mouvement, renoue avec l'esprit. Outre le sentiment d'avoir mené à bien une tâche, l'effet du ménage sur le psychisme est étonnant. Trop de personnes sont persuadées qu'elles ne peuvent pas changer leur destin. Elles ont oublié qu'elles en avaient pourtant la liberté. Un appartement net, rangé et qui brille dans tous les coins est la voie vers la paix de l'esprit, le repos, l'entrain, l'enthousiasme. L'esprit est enfin libéré d'une forme d'esclavage : celui de son inertie. Les Japonais se posent rarement des questions existentielles. Par contre, tous font beaucoup de ménage. Ce peuple sait instinctivement que se concentrer sur quelque chose aide à libérer les tensions intérieures et à trouver le calme. Et puis, pendant que le corps fait le ménage, l'esprit se repose : il n'a pas à se demander ce qu'il doit faire. Il n'a pas à balancer entre « faire ou ne pas faire ». Il faut tout simplement agir, sans se poser de questions.

La tyrannie des « je dois »

Si la plupart d'entre nous se sentent attirés vers l'extérieur, c'est peut-être parce que, dans notre esprit, rester à la maison, c'est être obligé de passer son temps à nettoyer, cuisiner, ranger, penser à ce qui reste à faire (ou se forcer à ne même pas penser). Personne ne peut imaginer à quel point cette tyrannie des « Il faut », « Je dois… » est contraignante. Nous croyons que nous sommes les seuls à avoir beaucoup de choses à faire et que les autres vivent une vie parfaitement ordonnée, même s'il est évident que ce n'est pas le cas. Il vaut mieux prendre du plaisir au travail que nous avons accompli plutôt que de s'imposer une pression sur ce qu'il nous reste à faire. Paradoxalement, c'est autour de certaines tâches apparemment ingrates, comme le nettoyage des toilettes, que l'on ressent le moins de pénibilité : on n'a pas l'impression de perdre son temps. La tâche est donc moins désagréable que d'autres.

La joie du ménage achevé

« *Qui l'on est a moins d'importance que qui l'on devient* » BERNARD-HENRI LÉVY

Il est bon de se stimuler en se représentant visuellement ce que sera, une fois le ménage achevé, notre joie d'être dans un endroit propre et beau, de penser à ce qu'il nous apporte, à nous et à ceux que nous aimons et que nous voulons rendre heureux (il n'est rien de ce que nous pouvons faire pour nous qui ne serve en même temps aux autres, et rien de ce nous pouvons faire pour les autres qui ne nous soit en même temps utile). Un espace rangé, débarrassé de son fouillis, nourrit le corps aussi bien que l'esprit, créant une ambiance particulière dans la maison. En se concentrant sur les expériences concrètes, on a déjà fait la moitié du chemin.

Agir avec joie pour économiser ses forces

Chaque sensation de plaisir augmente notre puissance de travail et son efficacité. Chaque besogne accomplie consciemment et avec joie implique une économie de forces, un résultat meilleur et une fatigue moindre. L'expérience a prouvé qu'une tâche de trois heures vécue comme une corvée fatigue plus que dix heures de travail accompli joyeusement. La contrainte paralyse l'élan. Ce n'est pas seulement atteindre son but qui donne de la joie ; celle-ci est déjà dans l'effort nécessaire pour y parvenir, dans l'action elle-même, dans le travail bien fait et entrepris avec plaisir. L'art (en l'occurrence le ménage) consiste à tenter de bâtir une routine autour des enchaînements les plus habituels pour diminuer la pression des sensations et des pensées parasites.

5
Un plaisir et ses secrets

Apprendre à aimer faire le ménage

« *Ah, nous n'étions pas riches ! Mais quelles odeurs ! Quel amour du travail bien fait et quelle fierté de le perpétuer !* » UNE MÉNAGÈRE

Le travail en société est devenu tellement compartimenté qu'un individu a rarement le loisir d'apprécier le résultat direct de son travail. La secrétaire de la Sécurité sociale qui traite les dossiers d'un malade ne verra jamais son visage radieux lorsqu'il apprend sa guérison. Le ménage, en revanche, est une tâche dont on savoure le résultat immédiatement : on peut admirer autour de soi l'aboutissement de ses efforts, la minutie avec laquelle on a œuvré. Seul un travail dont l'efficacité est douteuse remet en question l'utilité de la tâche. À l'inverse, faire le ménage non par devoir mais par envie, et voir ses efforts récompensés, permet de se sentir fort, confiant en sa propre efficacité, fier de se savoir capable de rehausser la qualité de sa vie. Aimer faire le ménage s'apprend, se perfectionne. Paradoxalement, c'est quand une personne agit de son plein gré et pour le plaisir de l'action elle-même qu'elle en tire le plus de satisfaction.

Oui, la joie apporte quelque chose de plus à l'existence ! Il est important d'apprendre à en trouver dans les tâches quotidiennes les plus banales, que certains considèrent comme ingrates.

Chacun est l'artisan de son bonheur, de la qualité de sa vie. C'est à lui de se donner la possibilité de se dépasser. La joie a son socle dans notre esprit. Si ce dernier pense qu'une chose est agréable, elle le sera. Et vice versa. Plus une activité a exigé d'effort, plus elle procure de satisfaction une fois terminée. Et plus la récompense est grande.

L'intelligence des sens, source de bien-être

« Le plaisir, souvent, vient du geste lui-même, du bercement du rythme, de la sensualité d'un contact. Et, plus largement, de la fierté qui émane de l'œuvre réalisée, du chaos vaincu. Après le repassage, Mme M. ne se lasse pas de contempler quelque chose de beau, d'ordonné, d'impeccable : chaque pièce de linge, les piles. »

JEAN-CLAUDE KAUFMANN, *LE CŒUR À L'OUVRAGE*

La science du ménage a légué aux femmes un bien précieux : le plaisir. Certaines avouent même éprouver plus de plaisir à laver la vaisselle qu'à manger : elles se sont construites dans leur routine ménagère un îlot d'équilibre, une suite harmonieuse.

La société change, les mœurs et les modes de pensée aussi… Nous revenons à grands pas vers des valeurs non cartésiennes, comme la science des émotions, l'intelligence du cœur. Le ménage, parce qu'il rehausse la qualité de notre bien-être, devrait être considéré comme une tâche noble. Lui aussi peut, discrètement mais efficacement, participer à la construction d'une vie équilibrée et sereine.

Le ménage peut véritablement devenir un plaisir. Tous nos sens peuvent être convoqués à recueillir des émotions. Prendre soin de ces minuscules riens dont – sans en avoir toujours conscience – nous dépendons pour vivre est une tâche qu'il nous est loisible de remplir avec plaisir, élégance et charme. Il est possible de s'y adonner avec sérieux et enjouement, mais aussi avec dignité, humilité et patience, des vertus peu à peu oubliées par une société consumée par l'insatiable besoin de paraître.

Mais la condition première pour aimer le ménage est d'aimer son intérieur. Refermer un placard sur des piles de linge ou de vaisselle impeccables est un plaisir quasi sacré. Leur seule vue nous rappelle notre capacité d'organisation – une victoire sur le chaos. Cela nous apporte des bribes de bonheur. L'art de vivre consiste à embellir, à améliorer toute chose. Quoi de plus plaisant qu'une cuisine rutilante, un bouquet de fleurs fraîches, des vitres transparentes, un parquet luisant, un lit sans plis, des plinthes sans poussière ? C'est cette beauté du quotidien qui réconforte – et donne sens à notre vie.

L'intelligence des sens, en effet, n'est-ce pas l'aptitude au bonheur ?

L'entretien du linge

« Sur la pointe des pieds
Elle met les tabi à sécher
La ménagère du cinquième jour. »
OTAKA MITSUO

Étendre du linge en plein air, s'appliquer à le placer symétriquement, profiter de l'air frais ou d'un rayon de soleil, sentir l'odeur de la lessive, puis, une fois qu'il est sec, le placer dans le panier, encore chaud de soleil, voilà une occupation qui peut en elle-même procurer beaucoup de plaisir. Et l'odeur du linge chaud, le contact d'un tissu repassé et lisse, le bruit qui sort du fer à vapeur sont comme des bribes de bonheur.

On éprouve aussi une satisfaction intérieure infinie lorsqu'on arrive à équilibrer plaisir et efficacité, et on se sent heureux du travail accompli lorsque tout est

« fini ». Cela fait du bien, on se sent tranquille, on n'en parle plus, c'est net. Un peu plus tôt, en se représentant la tâche achevée, on avait commencé à se sentir léger, plein de promesses. On avait peut-être alors ralenti nos gestes pour savourer le dernier coup de fer, glisser le linge parfaitement plié dans l'armoire…

Repasser avec de la musique invite à se plonger dans un monde à soi et à le parcourir. Cela permet aussi de voyager dans ses rêves, de prendre le temps de se ressourcer dans ses pensées. Certains gestes font ressurgir des images lointaines, bribes d'enfance, souvenirs de famille, nous plongeant dans un sentiment agréablement doux, vaguement triste mais voluptueux comme l'odeur de la fonte chaude, du dessus de la gazinière nettoyée à la toile. On se souvient aussi de la grosse couverture pour le repassage posée à même la table et recouverte d'un vieux drap plié en quatre avec, à portée de main, un bol d'eau pour, du bout des doigts, asperger son linge afin de l'humidifier. Ces gestes étaient très gracieux. Repasser et plier son linge étaient tout un art. Un art qui malheureusement se perd : ce que nos grands-mères nous ont enseigné n'est plus valable de nos jours ; on ne plie plus un T-shirt comme une chemise de nuit en dentelle. Les mouchoirs sont en cellulose, les nappes en matières synthétiques. Mais, surtout, on ne connaît plus la valeur de ces activités en tant que telles, auxquelles on accordait du temps jadis.

Parfumer sa maison

Pour la plupart d'entre nous, les odeurs jouent un grand rôle, autant dans l'ordre du plaisir que dans celui du dégoût. En ce qui concerne le ménage, elles sont fortement associées aux gestes que l'on fait, à la satisfaction que procure la propreté. La bonne odeur d'une pièce cirée, du linge qui sent bon la lavande, d'une lessive fraîchement lavée, d'une cuisine où flotte l'odeur des biscuits au four, voilà autant de petites sensations simples et importantes. Les odeurs exercent une grande influence morale sur l'individu. Choisies à bon escient, elles aident à se sentir mieux, à lutter contre le stress, l'angoisse, l'anxiété. Elles engendrent un véritable plaisir charnel et peuvent être une aide de tous les jours pour combattre les difficultés de la vie et apporter un équilibre personnel. Le plaisir n'est pas réservé aux grands artistes. Chacun peut le créer et vivre plus agréablement, plus profondément.

Les Japonais, s'ils n'utilisent souvent que de l'eau pour faire le ménage, parfument leur intérieur et leur linge (et même leurs cheveux) avec de l'encens. « Dans une pièce parfumée à l'encens, me dit un ami, on a la tête plus claire. On peut mieux penser et la pièce semble plus spacieuse. » Ils purifient parfois aussi leur espace en y faisant brûler des morceaux de charbon de bois.

Les odeurs d'une maison, enfin, ce sont aussi des souvenirs. Des souvenirs d'odeurs remontant à l'enfance, de gestes maternels, d'habitudes répétées depuis plusieurs générations et qu'on a besoin, envie, de garder dans sa vie. De perpétuer aussi. Des odeurs qui nous rappellent les êtres qui nous sont les plus chers ou les choses qui nous ancrent dans notre quotidien.

Écouter la voix des choses

« *Quand le jardin*
fut balayé de frais,
tombèrent des fleurs de camélia. » BASHÔ

Écouter les saletés glisser en grésillant dans le tube de l'aspirateur, les lames de parquet chanter sous les pas, l'eau couler du robinet, le cliquetis du couvercle de la théière que l'on range…, que de petites satisfactions qui nous accompagnent dans nos travaux ménagers ! Être sensible à tout ce qui nous entoure, se sentir enveloppé par une grande force, une énergie qui n'a ni forme ni nom, c'est cela la conscience, c'est cela écouter son cœur, respecter la vie, prendre soin de chaque parcelle de son univers.

Développer son sens du toucher

« Ce matin, pas de zazen et donc lever tardif à 5 heures. Je fais le balayage des pelouses, des allées et de l'entrée du temple sur la route qui y mène. Le plus agréable, c'est le nettoyage de la mousse. Mais après tant de ménage, quel plaisir de passer le reste de la journée dans un endroit absolument immaculé ! » EXTRAIT DE MON JOURNAL DE BORD AU TEMPLE

Balayer… Il y a quelque chose hors du temps dans cette activité universelle : la paume de notre main semble n'avoir jamais chassé de sa mémoire la sensation du manche du balai, le frottement de sa brosse sur le sol, ce bruit de la paille qui glisse – et l'impression que les choses recommencent à prendre vie petit à petit quand la poussière cesse de les recouvrir. Puis le doux tintement de la ferraille de la pelle et le coup sourd du manche au moment où vous le posez contre le mur. Que ressentez-vous à ce moment-là ? Remarquez-vous les diverses qualités de la lumière, la fine poussière qui danse dans le soleil du matin, les feuilles mortes de l'automne ou l'air frais des premiers jours du printemps ? N'est-ce pas tout cela que le balai découvre, révèle ? N'est-ce pas un plaisir ? Poser autour de soi un regard nouveau, sentir, écouter, s'imprégner de l'ambiance d'un lieu…, ce sont là tous les gestes du ménage, y compris les plus humbles, et ils peuvent tous être vécus ainsi. Le plus modeste coup de chiffon peut faire renaître un objet, l'odeur de l'eau sur les dalles rappeler des souvenirs d'enfance.

Nous sommes les artisans de notre bonheur

« Toute chose doit se retrouver à sa place, et il importe de bien faire ce que l'on fait. Lorsque nous nous appliquons et que nous agissons au moment propice, le reste suit. Nous devenons "maîtres" des événements. C'est là le secret du bouddhisme. » SUZUKI ROSHI

Nous sommes tous libres de nos choix et peu de choses nous sont réellement imposées. Combien de fois nous plaignons-nous d'avoir à faire une lessive ou le ménage ? Or, rien ne nous y oblige vraiment. Si nous le faisons, c'est que cela compte pour nous. Nous lavons notre linge parce qu'être propre et présentable est important pour nous. Si nous envisageons toutes les options que nous avons, nous pouvons commencer à apprécier les choix que nous faisons. Des sondages sur les différents niveaux de bonheur ont révélé que les personnes qui ont le sens de l'autonomie, qui prennent leurs décisions eux-mêmes, sont trois fois plus heureuses que les autres. Elles révèlent toutes une tendance à être très disciplinées, à agir de leur propre chef, et affirment que le sens du devoir a un effet positif sur le bonheur.

Ne pas craindre le quotidien

« Chaque personne, tous les événements de votre vie sont là parce que vous les avez attirés à vous. Ce que vous choisissez d'en faire dépend de vous. »

RICHARD BACH, *ILLUSIONS*

La peur du quotidien ne fait qu'engendrer d'autres peurs. La sagesse est de savoir composer avec les choses, d'inventer le bonheur avec ce qui existe. Tout dépend de la façon dont on voit les choses, de l'harmonie que nous avons pu construire entre le corps et l'esprit. Chaque nouvelle perspective modifie notre conscience. Une façon différente de voir les choses en change le dénouement, mais aussi la forme. Car tout geste peut être considéré comme pénible ou agréable.

Rien n'est difficile quand les activités ont un sens. Si le ménage nous semble pénible, c'est avant tout parce que nous l'envisageons comme tel. On n'est pas obligé de faire le ménage : on s'oblige à le faire. Lorsqu'une personne est envahie par le sentiment que sa besogne est fastidieuse, parce qu'elle est répétitive, elle trouvera du réconfort dans l'idée que le résultat de ses efforts est double ; l'un d'eux est extérieur, éphémère, c'est le repas préparé, une maison nette ; mais l'autre est intérieur, invisible et durable : la personne sait qu'elle fait œuvre d'amour dans ses humbles besognes, et tandis que ses mains s'activent, son âme s'enrichit. Sa vie semble prendre alors davantage de sens. Ses tâches ménagères ne sont alors plus un esclavage routinier mais un bienfait caché, un cycle de travaux agréables qui servent à son développement et contribuent à illuminer son existence.

Pour finir sur l'élan du ménage

Qu'est-ce qui a de l'importance dans la vie ? Nul ne peut répondre à cette question pour les autres parce que la vérité réside en chacun de nous. La vie nous a été donnée, et avec elle l'opportunité de la définir. Le chemin de notre vie et ses buts ne sont tracés que sur la carte que nous nous sommes créée. Le bonheur ne dépend pas des événements mais de ce que nous en faisons. Certes, il ne faut pas devenir esclave du ménage, mais il ne faut pas non plus laisser la poussière recouvrir nos vies. Il existe une solution à tout. Une bonne routine avec un programme bien établi et quelques techniques de base aident à réduire les efforts du ménage – et même à le transformer en plaisir.

Deuxième partie

Passer à l'acte

6
Avant le ménage, le rangement

L'ordre et le rangement : indissociables du ménage

« *Changement de domestique.*
Le balai est accroché à une autre place. » YOKOY YAYÛ

Le ménage est intimement lié au rangement. Ranger, c'est ordonner, maîtriser l'espace et le temps. C'est aussi mettre de l'ordre dans sa tête et dans sa vie. Les différents systèmes d'ordre sont étroitement reliés, du plus trivial (le ménage ordinaire) au plus subtil (l'équilibre de l'esprit). De l'ordre dépendent la paix d'un intérieur… et la paix intérieure ! Le désordre d'un logis peut refléter un état psychologique perturbé et a le pouvoir d'ébranler le bel édifice intellectuel de la pensée tandis qu'une maison rangée a un effet bénéfique sur le moral.

Toute notre vie est faite de « petits riens ». Avec l'ordre, les choses se disciplinent en même temps que nous, car leur malice n'est que l'incarnation de nos pensées désordonnées. Une fois qu'un environnement devient ordonné, les pensées le deviennent aussi, apportant sécurité et confiance en soi, ainsi qu'une double satisfaction : le plaisir des choses rangées et le calme intérieur. Une fois les choses accomplies, il n'y a plus à se préoccuper de ce qui reste à faire. Sortir de chez soi une fois son lit fait, aller se coucher après avoir lavé et rangé la vaisselle apporte le repos de l'esprit et du cœur. Et si l'ordre et ses règles semblent une vertu bien froide et peu attachante, il faut se rappeler que mettre de l'ordre dans son intérieur, c'est aussi en mettre dans ses pensées et dans ses sentiments. Ce n'est peut-être pas la sagesse elle-même, mais c'est une des conditions de la sagesse.

L'ordre, un trésor quotidien

« Il y en a qui croient qu'on peut résoudre la question du désordre en la remettant à "plus tard", qui ignorent que ce moment-là, qu'elles appellent "plus tard" n'existe pas, il n'existera jamais. »

MARGUERITE DURAS, *LA VIE MATÉRIELLE*

Ce qui distingue une personne « propre » d'une personne « ordonnée », c'est que cette dernière recherche des solutions permanentes et s'investit à fond pour organiser son intérieur afin de gagner du temps et de l'énergie dans le futur. Faire le ménage sans ranger d'abord se réduit à poser un pansement sur une blessure : cela ne résout pas le problème du désordre. Vivre dans un endroit bien net, au contraire, implique que vous organisiez votre intérieur une bonne fois pour toutes.

Il suffit ensuite de le maintenir dans le même état (ce qui ne veut pas dire que vous n'aurez plus de ménage à faire…). Mais si vous vivez dans un endroit dont vous aurez éliminé les babioles et autres objets inutiles, en mauvais état ou peu pratiques, vous aurez l'énergie pour poursuivre vos activités, vous adonner à vos passions et vivre selon vos goûts. S'organiser, c'est faire en sorte de créer un environnement qui vous permettra de vivre, de travailler et de vous reposer exactement comme vous le voulez.

S'organiser

Chaque séance de ménage et de rangement apporte un petit plus dans l'organisation de la vie ; on trouve toujours un moyen plus pratique de ranger telle ou telle chose, de faire du ménage et du rangement un plaisir plus grand. Comme mettre tout le linge qui se plie mal ou pas du tout (maillots de bain, lingerie…) dans un panier-tiroir garni de toile. Chaque amélioration dans l'organisation apporte comme une réduction du temps, un intérieur encore plus net. On en retire une immense fierté intérieure. Chaque nouvelle idée est comme une nouvelle victoire sur le chaos du monde extérieur. Chaque séance de ménage accomplie avec plus de fluidité et d'efficacité en fait une activité stimulante et gratifiante. Organiser son intérieur et le maîtriser prend des années. Mais plus on vieillit, plus on jouit de la satisfaction secrète d'être en paix avec soi et son environnement. Lui et nous formons enfin comme un vrai couple…

Comment mettre de l'ordre

« *Mauvais goût : trop d'objets autour de soi, trop de pinceaux sur l'écritoire, trop de bouddhas sur l'autel domestique, trop de pierres, de plantes, d'arbres dans le jardin… Ce qui n'empêche pas d'avoir beaucoup de livres. Mais quelque négligence n'est ennemie du bon goût ni de l'élégance.* » URABE KENKÔ, *LES HEURES OISIVES*

Ranger, en un mot, c'est mettre quelque chose à la place qui lui revient et donc en faciliter l'usage. Quel luxe que d'ouvrir des placards à moitié vides et impeccablement ordonnés ! Commencez par les petites choses : c'est par elles que l'on doit apprendre à se discipliner. C'est en mettant de l'ordre dans les affaires secondaires que l'on peut acquérir de la force pour venir à bout des grandes. Une par une, donnez une place à chaque chose de façon qu'elle puisse être employée immédiatement et avec aisance dès que le besoin s'en fait sentir.

Les boîtes : l'idéal pour ranger

Il faut des cadres, des formes, pour atteindre la liberté. Sans « cadrer » les bases, on ne peut que progresser à tâtons, sans la solidité et l'assurance qui permettent de dépasser la technique pour atteindre les sphères de création. Panier de ménage, plateaux individuels pour les repas (c'est l'usage au Japon...), carnets de listes, vanity-case, boîte de correspondance (pour le papier, les cartes à envoyer, les lettres auxquelles répondre, de jolis timbres, un bon stylo...), tout peut être ainsi organisé et parfaitement ordonné. Préférez les contenants carrés ou rectangulaires aux formes fantaisistes, qui sont beaucoup moins faciles à ranger (c'est-à-dire « mettre en rang »), à caser. Je me souviendrai toujours de la visite rendue chez une amie de classe alors que j'avais peut-être dix ans : elle me montrait avec fierté sa collection de pyjamas rangés individuellement dans de jolies boîtes en carton empilées sur les étagères d'un placard aux vitres transparentes. Sa grand-mère, m'expliquait-elle, était russe !

Les boîtes sont les meilleures formes de rangement. Prenez les vases, par exemple : ils sont tous de formes et de tailles différentes. Si vous les rangez dans des boîtes, ils risqueront moins de se casser et, en outre, vous pourrez les empiler. Lorsque vous achetez des chaussures, des chapeaux, gardez-les dans leurs boîtes. Les boîtes protègent les choses, elles sont mobiles, discrètes, propres et, placées sur des étagères nues, décoratives.

Les plateaux

Les plateaux sont très utiles pour manger, ranger un tiroir, trier le contenu de son sac à main, transporter les petites choses d'une pièce à l'autre, rendre certains objets fonctionnels prêts à l'emploi. Gardez votre nécessaire à thé sur un plateau : la théière, le pot à thé, les tasses, le sucre, prêts à être utilisés sans avoir à courir du placard à vaisselle à celui ou vous rangez le sucre et le thé lorsqu'un invité se présente à l'improviste.

Avoir toujours un petit sac près de soi

Mes parents habitent une maison de ville à trois étages. Je transporte toujours avec moi un petit sac contenant mes lunettes, mon portable, mes cigarettes… Cela peut sembler astreignant, mais l'est-ce plus que d'avoir à chercher ses lunettes pendant un quart d'heure ?

Nommer et étiqueter ses dossiers

Que de temps et d'énergie pourrions-nous gagner à étiqueter chacun de nos dossiers et à y insérer les documents à mesure qu'ils arrivent ? Définissez votre propre technique de classement (par année, par catégorie, par membre de la famille…) et tenez-vous-y. Fixez des onglets sur vos dossiers et rangez-les par catégorie dans des boîtes en carton. Efficacité assurée !

Ordonner les objets par taille

Posez les objets les plus petits devant les plus grands, les plus légers sur les plus lourds, les plus fragiles à l'abri des plus durs. Rangez les choses qui ont naturellement une place supérieure dans un endroit élevé et celles qui ont davantage de risque de tomber (manque de stabilité) en bas. Pliez vos piles de linge « au carré » (tous de la même taille).

L'endroit adapté

Souvent le désordre provient du fait que l'on n'a pas donné aux objets un emplacement assigné. Ils n'ont pas leur endroit à eux où reposer. Rangez les objets là où vous les utilisez : les médicaments que vous avalez avec de l'eau dans la cuisine, les crèmes et onguents dans la salle de bains… Essayez de trouver un emplacement aux objets afin qu'ils restent accessibles en permanence. Demandez-vous si leur place est bien dans telle ou telle pièce. Reconsidérez chacun de vos gestes et mouvements. Où posez-vous votre sac quand vous rentrez chez vous ? Où vous asseyez-vous pour faire vos comptes ? Même dans le noir, vous devriez être capable de trouver ce dont vous avez besoin.

Ranger ses affaires, en prendre soin et ne pas les abandonner

Rangez les choses en prenant conscience qu'il y a une différence entre les mettre à l'abri et les enfermer ou les reléguer dans un coin. Mal ranger un livre, un vêtement, etc., ou l'oublier ne diffère guère d'un abandon pur et simple. Même si un objet est destiné à demeurer longtemps au même endroit, regardez-le de temps en temps, vérifiez son état. Rappelez-vous la valeur qu'il a pour vous. Procédez à des inventaires périodiques de vos acquisitions. Ne craignez pas de reconnaître les erreurs que vous avez pu commettre en les achetant. Et ne négligez jamais ce que vous possédez.

La table de travail

Elle doit être aussi spacieuse que possible et ne pas être encombrée par des objets inutiles pour la tâche que l'on va entreprendre. Sur la table ne doit figurer que ce qui concerne le travail en cours. Plus on est à l'aise sur son bureau, mieux s'élargissent et se coordonnent les idées. L'amour de l'ordre est le signe distinctif des grands hommes. Il n'y a pas moyen d'atteindre un succès durable avec un désordre prétendument « artistique ».

Regrouper les choses et les poser géométriquement

Un des secrets les plus simples et les plus efficaces pour maintenir son cadre de vie en ordre est tout bêtement de placer les choses géométriquement et dc les regrouper! Regardez autour de vous. Amusez-vous maintenant à placer les objets qui sont à portée de votre main de façon qu'aucun ne soit de travers ni trop éloigné des autres. Regroupez-les comme un petit troupeau de moutons. Miraculeux, non? Faites cet exercice où que vous vous trouviez, en toutes circonstances. Une sensation d'ordre naîtra automatiquement. Cela vous donnera l'impression d'avoir très peu dérangé et vous remettrez les choses à leur place sans le moindre effort conscient. Les maîtres japonais enseignent aux enfants dès le plus jeune âge à poser leur trousse et leurs crayons perpendiculairement à leur cahier sur leur bureau. L'amour de l'ordre fait partie de leur éducation. Dans votre cuisine, regroupez les ustensiles par fonctions (le couteau avec la planche à découper et le bol destiné à recueillir les déchets). Dans la salle de bains, que tout ce qui concerne la toilette du corps soit près de la douche ou de la baignoire, tout ce qui concerne les soins du visage dans un panier ou un tiroir. Placez les disques près de la chaîne hi-fi, les livres là où vous avez l'habitude de lire.

S'accorder de petites satisfactions

Il suffit pour cela de refermer soigneusement le couvercle du paquet de céréales et de remettre celui-ci à sa place après utilisation. Savourez l'acte que vous venez de réaliser, là, à l'instant : quel sentiment de plaisir et de contentement dans ce simple geste ! Ce sont ces petits secrets qu'il convient d'apprendre à apprécier et à cultiver.

Ne garder qu'un minimum d'objets

« *On regrette toujours d'avoir jeté à un certain moment de sa vie. Mais si on ne jette pas, si on ne se sépare pas, si on veut garder le temps, on peut passer sa vie à ranger, à archiver la vie.* »

MARGUERITE DURAS, *LA VIE MATÉRIELLE*

Avant de prendre une douche, on se déshabille. Avec la maison, le principe est le même : on la déshabille. Moins on a de choses, plus on a de temps libre. Lorsqu'on n'est pas perturbé par tout un bric-à-brac, on peut enfin apprécier l'espace originel dans lequel on se trouve. On peut apprécier la beauté d'une seule fleur dans un vase. Pour apporter de la beauté dans son intérieur, ce ne sont pas des meubles ou des éléments de décoration qu'il faut mettre, mais au contraire retirer tout ce qui n'est pas nécessaire. Dans la plupart des intérieurs zen, la beauté de la pièce est jugée par ce qui en a été retiré et le vide qu'elle a ainsi à offrir. Désordre et saleté trahissent souvent un esprit malheureux. Débarrassez-vous *maintenant* de tout ce qui ne contribue pas à la qualité de votre vie, à votre santé ou à votre apparence. Il n'y a pas d'*avant* ni d'*après* parce qu'il n'y a pas de place pour cela. Procédez par ordre et traitez une chose après l'autre. Si un objet n'est pas indispensable, inutile de le conserver. En désencombrant son espace, on diminue les causes de saleté et de désordre, mais aussi de tristesse.

Laisser un minimum de choses à portée de vue

Il est intéressant de constater que c'est lorsqu'on laisse les choses à portée de vue qu'on les voit le moins. Elles font partie de la tapisserie murale. Ne laissez sur votre table de travail qu'un porte-mémo, sur votre comptoir de cuisine que ce qui va être préparé. Pensez aux salles de bains des hôtels en rangeant la vôtre. Rien ne vous empêche de lui donner la même apparence : il suffit de ne rien laisser traîner. Un joli flacon de parfum, peut-être, mais pas plus…

Ne jamais quitter une pièce sans l'avoir rangée

Mettez vos plats dans le lave-vaisselle ou lavez la vaisselle juste après le repas. Faites votre lit après la toilette et le petit déjeuner.

Il ne s'agit pas là d'une discipline militaire mais simplement de cueillir l'authentique plaisir de vivre, de s'affranchir des impératifs du corps et de maîtriser ce qui se passe dans son esprit et sa conscience. Cela a toujours été le but des techniques orientales (yoga, zen, taoïsme...), dont l'objectif est de libérer la conscience de l'influence des forces extérieures ou intérieures (qu'elles soient de nature biologique ou sociale), de délivrer la vie intérieure du chaos. On connaît depuis longtemps ces techniques, mais il ne suffit pas de savoir comment les mettre en pratique. Il faut aussi les appliquer !

Agir sur-le-champ

Rangez immédiatement tout ce que vous utilisez, sortez dès que vous avez terminé.

Établir un système de rangement une fois pour toutes

« *La table basse chinoise en santal rouge, le presse-papiers de cristal, le vase de bronze, l'étagère d'ébène... la pièce était restée la même. Sur la table était déployée une feuille pour écrire des poèmes, au-dessus des lunettes d'écaille.* » NAGAÏ KAFÛ, *INTERMINABLEMENT LA PLUIE*

Établissez de bonnes bases : non seulement elles expriment l'ordre, mais elles le créent. En adoptant sans cesse de nouveaux arrangements, bien des femmes gaspillent la moitié de leurs forces (les hommes bien davantage encore !). On organise sa cuisine pour que chaque objet ait une place déterminée et immuable, en plaçant à portée de main les ustensiles les plus utilisés. L'aménagement d'une maison ne devrait pas être un hobby, mais un système fixé une bonne fois pour toutes et auquel on ne pense plus par la suite. Ceux qui adoptent un tel système disent qu'ils n'ont jamais à ranger puisqu'ils ne dérangent pas ! Le ménage quotidien, la préparation des repas et l'entretien des vêtements devraient être les seules tâches qu'une maison requiert au jour le jour ! Observez les personnes ordonnées : elles remettent les choses à leur place après chaque utilisation (le crayon dans son pot, la tasse sale dans l'évier, le sac à sa place…). Elles ne laissent aucune trace derrière elles. Même si vous ne leur avez pas rendu visite pendant dix ans, vous retrouverez toujours le pot à sucre à sa place.

Le confort de l'ordre

« *L'ordre est la première règle du paradis.* »

GEORGE GISSING, *LES CARNETS DE HENRY RYECROFT*

Décrivant la maison de son personnage, George Gissing évoque la netteté de ce cottage victorien : une netteté parfaite sans pour autant être excessive. La propreté, les réparations régulières, la grâce du lieu, sa tranquillité et le sentiment de sécurité qui s'en dégagent, sont comme « une musique dans la tête de celui qui l'admire ». Ce qui caractérise les habitants d'un lieu aussi plein de charme est, par-dessus tout, leur amour de l'ordre. Avec l'ordre, poursuit l'auteur, il est naturel de trouver la stabilité. Il en résulte le concept très anglais du confort, qui se présente avant tout comme un idéal conjuguant le bien-être physique *et* moral. La porte de son « chez soi » fermée, le rideau tiré, c'est le calme domestique et la sécurité, poursuit Gissing : « Non pas un amalgame d'industrialisme technologique et scientifique, un emploi du temps basé sur la dureté, la laideur et le sordide du travail à terminer, un tas de lessive sale à faire. Sans ce calme, cet ordre, cette sérénité, nulle civilisation n'est possible. Nul être humain n'est digne de ce nom. » La propreté rutilante des pièces, leur ordre parfait, une cuisine immaculée qui sent bon… toute la tranquillité d'une vie peut dépendre du soin honnête que l'on se porte ainsi qu'à son intérieur, à un équilibre parfait entre activité et repos. Si l'homme doit se battre contre la confusion du monde extérieur, il peut au moins trouver la paix chez lui. Le simple fait de poser correctement un livre sur une table modifie notre vie : car notre intérieur affecte notre structure psychique. C'est aussi cet ordre qui va faciliter le ménage et surtout inciter à le mettre en pratique…

7
Quelques produits et outils simples

« 18 h 30. La nuit tombe, nous avons fini de manger et les préparatifs de cuisine pour demain commencent. Un peu de produit, pour la vaisselle graisseuse uniquement, que nous devons demander à la supérieure. Excepté celui-ci et le détergent lessive, aucun produit d'entretien n'est employé dans le temple. La cuisine a été nettoyée de fond en comble ce soir, mais uniquement à l'eau. » EXTRAIT DE MON JOURNAL DE BORD AU TEMPLE

Garder sa maison ou son appartement toujours propre sans passer tout son temps au ménage est possible. Jour après jour, on peut perfectionner ses techniques et trucs de ménage, jusqu'à ce que cela devienne un automatisme et que l'esprit n'ait plus à intervenir pour se libérer des décisions à prendre. Mais faire le ménage s'apprend, tout comme faire du vélo ou piloter un hélicoptère. Si le ménage exécuté sans technique ni savoir-faire est une corvée, des connaissances précises de l'emploi des produits d'entretien, une panoplie d'outils complète et une routine bien rôdée en font un moment de plaisir et de détente.

Les produits indispensables

« Pour les carrelages, savon noir, eau et serpillière, de l'huile de coude et un lave-pont. Pour les parquets, de la paille de fer, de l'encaustique et un chiffon de laine (les vieux pulls font très bien l'affaire) ; pour les vitres, de l'eau claire et du papier journal. J'ai expérimenté tout cela pendant mes années de pensionnat ; les bonnes sœurs ne se laissaient pas entraîner par les sirènes de la publicité et nous avions des bâtiments propres comme des sous neufs, étincelants et avec des moyens modestes. »

UNE INTERNAUTE

Je me souviens de la femme de ménage d'une riche famille anglaise qui utilisait très peu de produits pour nettoyer l'immense demeure dont elle avait la charge. Pourtant, tout y était rutilant. On parle de plus en plus d'écologie et de produits bio, mais est-ce tellement bio de posséder des dizaines desdits produits ? Est-ce économique ? Une enquête de l'Insee rapporte que nous dépensons en moyenne 220 euros par an pour l'achat de nos produits ménagers. Et combien cela coûte-t-il à notre santé et à l'environnement ? Phosphates, acides chlorhydriques, sulfuriques… Alors que deux ou trois bons produits, quelques chiffons et brosses suffisent en vérité. Encore faut-il pouvoir discerner avec honnêteté leur efficacité et apprendre à les choisir avec autant de soin que ses produits de beauté ! J'ai décidé d'enquêter un peu sur la question.

Tout d'abord, méfiez-vous du mot « nouveau » ! C'est le terme le plus courant dans le langage publicitaire. Mais la plupart de ces « nouveaux » produits ont bien souvent pour base des « classiques » comme l'alcool ou le savon. Comment choisir, dans les rayons d'un supermarché ou d'une droguerie, le ou les produits les plus performants et les plus faciles d'emploi ? Je me suis rendue dans une grande surface. Des dizaines de mètres de rayons proposaient des produits traditionnels ainsi que des produits bio. Un chef de rayon se trouvait justement là. Il me paraissait sympathique, alors je lui ai demandé : « Si je ne devais avoir qu'un seul produit pour tout nettoyer chez moi, qu'est-ce que vous me conseilleriez ? » « Le vinaigre blanc (0,95 euro) », m'a-t-il répondu immédiatement. Avant d'ajouter à voix basse : « Je ne devrais pas vous dire cela, sinon on ne vendrait plus rien ! »

J'avais lu divers ouvrages sur le ménage 100 % bio qui expliquaient comment « fabriquer ses produits », faire des mélanges, mais tout cela ne convenait pas à la minimaliste que je suis, même si ne pas polluer est pour moi une évidence. Pourtant je considère que certains produits, sans doute moins écologiques que d'autres dans leur composition, le sont d'une certaine manière par leur conditionnement.

J'ai aussi demandé conseil à la mère d'une amie qui fait du ménage une sinécure. Elle m'a répondu que, après la guerre, on faisait la lessive avec de la cendre dans d'énormes lessiveuses, qu'il n'y avait pas l'eau courante ni les toilettes dans beaucoup de maisons, et donc qu'elle était enchantée d'avoir aujourd'hui à sa disposition des produits « superpuissants » qui font gagner aux ménagères du temps, de l'énergie et du travail. Voilà ce qu'elle m'écrit : « Il est indéniable que de nombreux produits chimiques ont considérablement contribué au bien-être des générations d'après-guerre. Manger ce que l'on veut en toute saison, ne plus avoir trop chaud ou trop froid, s'habiller à peu de frais, ne plus passer son temps à nettoyer sa maison, à lutter contre les plantes et insectes indésirables au jardin, se déplacer quand et où on veut, etc. Peu d'entre nous accepteraient un retour en arrière. »

J'avais donc trois choix : des produits bio uniquement, des produits traditionnels ou, comme dans les temples japonais, juste de l'eau et des chiffons.

C'est donc en prenant en compte les arguments de ces différentes « écoles », en testant certains produits que je ne connaissais pas (le savon noir liquide, par exemple) et en faisant ma propre synthèse que j'en suis venue à la liste suivante. À moins d'avoir de gros travaux à entreprendre (comme « rafraîchir » son appartement ou nettoyer à fond un nouveau logement pour s'y installer), si l'on fait son ménage régulièrement, peu de produits sont nécessaires.

Peu de produits, mais bien choisis

Inutile d'encombrer vos placards de produits souvent toxiques et pas toujours efficaces, de les multiplier en ayant un produit pour chaque type de nettoyage, chaque pièce, chaque matériau… Les produits de la liste qui suit sont tout à fait suffisants pour entretenir votre maison au quotidien :

– un produit récurant « doux » multi-usages (Mini Mir®, pierre d'argile, savon noir liquide dilué…) pour la vaisselle, la lessive à la main des torchons, le sol, les surfaces diverses, les plaques en vitrocéramique, les éviers, le four, etc. ;

– un produit récurant « puissant » (lessive Saint-Marc®, savon noir liquide non dilué pour les sols très sales, les taches récalcitrantes…) ;

– du vinaigre d'alcool blanc (pour désinfecter, dégraisser, détartrer…) ;

– du bicarbonate de soude (pour les taches rebelles) ;

– de l'eau de Javel.

Le savon noir de ménage

« Si je connais le savon noir ? Nous nous en procurions une fois par an du temps de mon enfance, et le faisions sécher sur la cheminée. Il servait à tout nettoyer. »

MA MÈRE

Quoiqu'il existe des dizaines d'imitation du savon noir (un savon vert-noir et tout mou, alors que le savon dit « de Marseille » est du savon blanc et dur), l'authentique savon noir est probablement l'un des plus vieux produits d'entretien qui existe… et un nettoyant hors pair. Pur végétal, sans solvant, 100 % naturel et biodégradable, respectant l'environnement, c'est aussi un antiseptique très efficace. Dilué dans de l'eau tiède (à peine 1 cuillerée à café pour 5 litres d'eau) et mélangé avant usage, il vient à bout des taches les plus rebelles. Ce produit est, selon ses adeptes, un nettoyant inégalable car il agit en profondeur, fait briller, nourrit et protège les surfaces. Sentant bon, il remplace à lui seul, pour 6 ou 8 euros le litre, une dizaine d'autres produits ménagers et permet de nettoyer du sol au plafond, pendant plusieurs mois, un appartement de taille moyenne. Pas de pub tapageuse ni de couleur acidulée. Mon préféré est le savon noir liquide à l'huile d'olive de chez Marius Fabre ou le savon noir liquide à base d'huile d'olive enrichie à l'huile de lin et à la glycérine de la Savonnerie du Midi. C'est *le* détergent multi-usage par excellence. On le trouve dans la plupart des magasins de produits bio.

À lui seul, le savon noir nettoie et traite :

– le sol (tomettes, linos, parquets ; inutile de rincer, il protège) ;

– les poêles, friteuses et plaques de cuisson en vitrocéramique (une ou deux gouttes de savon pur suffisent) ;

– les taches sur les vêtements (pour les taches de graisse des nappes et serviettes de table, des torchons, cols et poignets de chemises, sous-vêtements tachés, etc., mettre à sec une goutte de savon pur sur l'endroit et l'envers de la tâche, frotter et laver à la machine) ;

– le linge en machine (1 cuillerée à soupe de savon noir pur au lieu de votre lessive classique) ;

– le cuivre et l'argenterie (3 cuillerées à soupe de savon pur dans de l'eau chaude, laisser tremper 10 minutes et sécher) ;

– le cuir (le savon noir nettoie impeccablement sans dessécher le cuir : frotter avec un peu de savon dilué et une brosse à poil doux, puis laisser sécher sans rincer). Certains garagistes de grandes marques (Jaguar, Mercedes, Bentley, Ferrari, Rolls Royce, Porsche…) avouent nettoyer leurs sièges en cuir juste avec un peu de savon noir dilué dans de l'eau chaude et rincé à l'eau fraîche[1] ;

– les hottes aspirantes (dégraissage parfait à l'éponge) ;

– le four (appliquer à l'éponge puis rincer à l'eau chaude) ;

– les vitres (dans un vaporisateur, dilué : inutile de rincer) ;

– le bois (dilué, le savon noir nettoie mais aussi nourrit, protège et fait briller) ;

– les revêtements plastifiés ;

– le marbre (frotter avec une éponge et rincer) ;

– les tapis (frotter au savon dilué, puis passer un chiffon humide et enfin un chiffon sec) ;

– les surfaces en ciment ;

– l'ardoise et la lauze (le savon noir leur redonne une nouvelle jeunesse et un aspect naturel, mais attention, pas de savon noir pour les sols au carrelage poreux) ;

– les joints des sols carrelés et moisissures (savon pur et brosse à poils courts).

1. « C'est ce que nous utilisons sur les plus belles voitures depuis des années et rien d'autre comme produit n'est nécessaire, surtout pas toutes ces cochonneries de bombes de produits soit disant miraculeux, confie un employé. On peut ensuite nourrir le cuir avec un peu de vaseline pure. C'est tout. »

Le savon noir a aussi l'avantage d'éliminer les insectes sur les plantes d'appartement ou au jardin (1 cuillerée à soupe diluée dans un vaporisateur, secouer et vaporiser : adieu pucerons, chenilles et autres petites créatures !). Il est aussi excellent pour shampouiner les animaux domestiques et les chevaux (en solution diluée).

Le vinaigre d'alcool

Si le savon noir peut virtuellement *tout* nettoyer, le vinaigre d'alcool (aussi appelé vinaigre de ménage, vinaigre blanc ou vinaigre cristal) est le champion du ménage express : un vaporisateur de vinaigre blanc, une lavette, et vous nettoyez en quelques minutes de l'intérieur du réfrigérateur jusqu'aux chromes de la salle de bains en passant par les écrans d'ordinateur ou de télévision, les vitres et les miroirs. Son odeur s'évapore en quelques secondes et il dégraisse à merveille. Il suffit de l'essayer pour en être convaincu. Avec 1 litre de ce produit magique et très économique – à moins de 1 euro le litre, au rayon alimentation –, fini les détartrants « spécial cafetières », « spécial machine à laver le linge », « spécial antitartre pour le lave-vaisselle », « spécial éviers », « anti-moisissures », etc. C'est le produit le plus efficace pour détartrer (dissoudre le calcaire) éviers, robinetterie, parois et pommeaux de douche (à dévisser et faire tremper dans le vinaigre), toilettes, mais aussi les cafetières, bouilloires, casseroles, brûleurs de gazinière (il suffit de les faire tremper dans du vinaigre quelques heures).

De plus, il a de grandes propriétés désinfectantes (on peut nettoyer au vaporisateur et avec une lavette l'intérieur du réfrigérateur ou le four). C'est aussi un bon désodorisant : il suffit de le vaporiser dans et autour de la poubelle, dans les toilettes, dans le placard à chaussures, pour éliminer les mauvaises odeurs. Dans la cuisine, vous pouvez aussi en faire frémir un peu (sans bouillir) quelques minutes dans une casserole ou en laisser une petite quantité dans un bol : cela suffira à désodoriser la pièce.

Combiné au savon noir, il adoucit le linge et évite l'entartrage du lave-linge. Les couleurs en machine sont ravivées, le linge est très doux (pour utiliser le vinaigre blanc en assouplissant, ajouter 25 cl à la dernière eau de rinçage) et le bac de la machine reste nickel. En outre, il ne laisse aucune odeur.

Chaud, il est encore plus efficace et ôte les taches persistantes, comme les dépôts noirâtres au fond de la cuvette des toilettes. Parfumé de quelques gouttes d'huile essentielle de tea-tree (arbre à thé), il est d'un emploi très agréable. Pensez à en disposer un flacon près de chacun des points d'eau de votre maison (cuisine, salle de bains et toilettes).

Antifongique, il peut aussi, sur une éponge imbibée, venir à bout des moisissures autour des robinetteries et des bondes des éviers, baignoires et bacs à douche.

Le bicarbonate de soude

Utilisé seul ou mélangé à un peu de vinaigre de ménage, le bicarbonate de soude viendra lui aussi à bout des taches les plus tenaces, comme la graisse du four ou de la hotte, les traînées dans les éviers ou baignoires, les fonds de casseroles brûlées… Il a un excellent pouvoir désodorisant (2 à 4 cuillerées à café dans une vieille chaussette nouée pour assainir les poubelles ou un placard à chaussures, 2 cuillerées à soupe dans une soucoupe que l'on place dans le réfrigérateur, quelques pincées au fond du lave-vaisselle…). On l'utilise aussi pour blanchir les dents, donner une belle couleur verte aux légumes (1 cuillerée à café dans l'eau de cuisson), faire lever un gâteau, lutter contre une mauvaise digestion (1 cuillerée à café dans un peu d'eau). Vous pouvez l'acheter au kilo et le conserver dans un bocal en verre (étiqueté) ou encore dans une salière (en prévoir une près de l'évier de la cuisine et une autre dans la salle de bains). Sachez enfin qu'il coûte moins cher en pharmacie qu'en droguerie !

Les huiles essentielles

Si vous n'utilisez que des produits bio, vous apprécierez peut-être l'usage des huiles essentielles pour parfumer votre intérieur et lui donner un petit air de propre. Pin, citron, eucalyptus, menthe, tea-tree, pin sylvestre, thym, cannelle, etc., ces huiles ont de nombreuses vertus. Non seulement elles confèrent une odeur agréable aux produits traditionnels (savon noir, alcool de ménage), mais elles désinfectent et désodorisent sans polluer (les parfums artificiels des produits industriels sont très toxiques). Vous pouvez verser quelques gouttes d'huile essentielle de pin dans l'eau (déminéralisée et additionnée de vinaigre blanc) du fer à repasser ou dans un vaporisateur d'eau pour humecter le linge, mettre quelques gouttes d'huile essentielle d'eucalyptus dans une soucoupe pour parfumer les toilettes ou verser quelques gouttes d'huile essentielle de lavande sur un sachet de thé (usagé et sec) pour parfumer vos armoires (la lavande éloigne les mites et les fourmis)… S'il ne fallait en posséder que trois, je choisirais le citron, le tea-tree et la lavande.

Un peu d'huile pour les meubles

Quant à l'entretien de vos meubles en bois, un peu d'huile d'olive ou de noix suffira à les nettoyer, les faire briller et les protéger.

Un récapitulatif à garder à portée de main

Ce récapitulatif classé par ordre alphabétique vous permet de traiter quasiment toute votre maison.

Bouilloires, cafetières, bouteilles Thermos : faites bouillir de l'eau additionnée de vinaigre de ménage (moitié eau, moitié vinaigre) et laissez tremper une nuit. Rincez.

Casseroles brûlées : mélangez 1 verre d'eau, 1 ½ verre de vinaigre de ménage et 1 cuillerée à café de bicarbonate de soude dans la casserole et faites bouillir.

Carrelage de salle de bains aux joints noirs ou moisis : passez un papier absorbant imbibé de vinaigre, laissez agir et rincez.

Écrans de télévision ou d'ordinateur : humidifiez à peine de vinaigre une lingette microfibre.

Éviers, baignoires et bacs de douche encrassés : passez une lavette trempée dans de l'eau additionnée de bicarbonate de soude.

Fer à repasser : préparez un petit vaporisateur contenant 200 ml d'eau et 15 gouttes d'huile essentielle de lavande pour humidifier le linge et versez quelques gouttes de vinaigre dans le bac du fer à vapeur pour éviter l'entartrage.

Four : saupoudrez de bicarbonate de soude, vaporisez d'eau, laissez reposer toute une nuit et, le lendemain, grattez avec une spatule. Terminez avec une lingette microfibre et du vinaigre de ménage.

Four à micro-ondes : placez-y un bol de vinaigre, faites chauffer jusqu'à évaporation puis épongez les parois.

Gazinière : avec du bicarbonate de soude et un peu d'eau, préparez une pâte un peu liquide que vous étalez sur la gazinière, laissez reposer quelques minutes et rincez. La terre d'argile et le vinaigre de ménage, utilisé non dilué, sont aussi très efficaces. Quant aux brûleurs, vous pouvez les faire tremper dans du vinaigre blanc.

Hotte de cuisine : décrassez-la avec du savon noir dilué ou du vinaigre mélangé à un peu de bicarbonate de soude.

Intérieur des placards et penderies : déposez 1 cuillerée à soupe de bicarbonate de soude dans une coupelle ou versez quelques gouttes d'huile essentielle de votre choix sur un sachet de thé (usagé et sec).

Lave-vaisselle et lave-linge : faites tourner à vide avec ¼ de tasse de vinaigre.

Parois de douche : passez dessus une éponge imbibée de vinaigre chaud pur. Mais le meilleur moyen d'éviter les dépôts de calcaire reste encore d'essuyer les parois aussitôt après usage.

Plomberie et éviers bouchés : versez 70 g de bicarbonate de soude puis 25 cl de vinaigre blanc froid. Une fois que le mélange a fini de mousser, versez cette fois 25 cl de vinaigre chaud. Attendez 5 minutes avant de laisser couler de l'eau froide.

Rideaux de douche : les laver en machine avec du vinaigre d'alcool blanc (2 verres dans le bac à lessive).

Robinetterie : utilisez du vinaigre de ménage sur une serviette microfibre. Le vinaigre détartre parfaitement et fait briller. Si le bec du mélangeur de douche est très entartré, dévissez-le et faites-le tremper dans un bol de vinaigre blanc toute une nuit.

Toilettes : pour un nettoyage quotidien, il suffit de verser un peu d'eau de Javel dans le fond des toilettes, de frotter avec la brosse et de laisser agir 10 minutes, sans oublier de faire aussi tremper la brosse. Pour le rebord et l'extérieur de la cuvette, un peu d'eau vinaigrée désinfecte à merveille. Si le fond des toilettes est vraiment sale ou noirci, saupoudrez de bicarbonate de soude, frottez, ajoutez du vinaigre bouillant, laissez agir toute une nuit et rincez le lendemain. Recommencez plusieurs fois si nécessaire. Avant de quitter l'appartement pour longtemps, vous pouvez utiliser de l'eau de Javel (ou un mélange de bicarbonate de soude et de sel), sur lequel vous versez aussitôt de l'eau bouillante pour ne pas abîmer la tuyauterie. Tirez la chasse et le tour est joué.

Pour résumer

« Ménage : d'abord épousseter au hataki le plafond et les murs. Puis passer un chiffon mouillé sur les meubles, les rampes…, et enfin un autre chiffon mouillé sur le sol. Les objets du ménage ont chacun leur nom : hataki (plumeau japonais), jokin (chiffon pour la poussière), chukin (chiffon pour les meubles, les plinthes…), zokin (chiffon pour le sol). On nettoie le bois séparément. » EXTRAIT DE MON JOURNAL DE BORD AU TEMPLE

Quelques bons produits efficaces suffisent pour venir à bout des taches rebelles. Mais la fréquence et la régularité sont le vrai secret pour un ménage facile et avec le moins possible de produits. Les puristes – comme les adeptes du zen, les anciens Japonais, les peuples pas encore trop atteints par l'épidémie du consumérisme – n'ont jamais recours à tous ces produits d'entretien qui foisonnent dans les rayons de nos supermarchés ou de nos drogueries. Ils n'utilisent que de l'eau et des chiffons. Si vous essuyez quotidiennement ce qui se salit avec une lingette microfibre humide, la poussière et la crasse n'auront le temps ni de s'incruster ni de durcir, et cela vous évitera bien des séances pénibles de « grand nettoyage ».

Une maison entretenue régulièrement (quotidiennement) n'est jamais très sale. Au Japon, jusqu'à ce que le pays s'ouvre aux étrangers (Meiji, 1868), on ne faisait pas usage du savon. De nos jours encore, dans les temples zen, tout le ménage se fait avec un balai, un *hataki* (sorte de plumeau en tissu), un seau d'eau et des chiffons. Et encore… Même l'eau est utilisée avec la plus grande parcimonie. Et n'oubliez pas l'air. Aérer chaque jour au moins 10 minutes son intérieur élimine ou ralentit le développement des bactéries, acariens et autres petits parasites.

Les outils du ménage

Si vous vous amusiez à rassembler dans un coin tout ce qui vous sert au ménage, vous seriez peut-être surpris. Balais divers, aspirateur miniature et/ou imposant, filtres d'aspirateur, pots d'encaustique durcie, torchons, serpillières, innombrables flacons, bouteilles et bombes de produits ménagers en tous genres, etc., tout cela encombre vos placards. En fait, un balai, un balai-brosse, un seau (et un aspirateur si vous possédez moquettes et tapis), voici l'indispensable.

Toute votre panoplie de ménage pourrait ne prendre que très peu de place et devrait être facilement transportable d'un endroit à un autre de la maison. Pour cela, il faut vous organiser et, comme beaucoup d'Anglo-Saxons, réunir dans un petit panier tous vos produits et quelques outils efficaces.

Seuls les produits à usage local (liquide vaisselle dans la cuisine, vaporisateur d'eau parfumée d'huile essentielle pour désodoriser et une bouteille d'eau de Javel dans les toilettes) doivent rester là où ils sont utilisés.

Le panier de ménage

Lorsqu'on a la chance d'aller dans de grands hôtels, on ne peut manquer de voir des membres du personnel sillonnant nuit et jour couloirs, halls et salons, munis d'un petit panier en osier à couvercle amovible. Que contient-il donc ? Et suffit-il à effectuer toutes les tâches du ménage ?

Pour un ménage efficace et rapide, l'essentiel est d'avoir tout sous la main, et au bon moment, de manière à ne pas faire de pas inutiles en allant chercher, pour chaque tâche, les produits et ustensiles dont on a besoin. Le secret est d'agir là où l'on est et de tout nettoyer avant de passer à l'endroit suivant.

Une bonne ménagère sait que le ménage se fait en deux étapes : l'époussetage et le nettoyage des surfaces et des meubles, puis celui des sols.

POUR NETTOYER LES SURFACES ET LES MEUBLES

quelques lavettes microfibre ;
un petit vaporisateur de vinaigre de ménage ;

une petite raclette ;
une mini-brosse plate à épousseter ;
une brosse à poils courts et durs ;
une petite bouteille d'huile pour les meubles ;
une petite pelle et sa balayette ;
deux sacs en plastique.

Les lavettes microfibre

Produit de la technologie moderne que l'on trouve en grandes surfaces, la lavette microfibre représente un véritable progrès par rapport aux torchons et serpillières traditionnels. Elle a un pouvoir dégraissant extraordinaire grâce à ses milliers de fibres dix fois plus fines qu'un cheveu, qui agrippent et extraient la saleté. Utilisée avec de l'eau chaude, elle élimine les taches bien mieux qu'un torchon imbibé de détergent. À sec, elle ramasse les poussières et les cheveux grâce à son pouvoir antistatique. Pour le lavage du sol, elle se fixe de la même façon que les lingettes jetables sur un balai Swifer®. Il suffit de l'humidifier avec un peu d'eau pour nettoyer les salissures persistantes. Elle est aussi parfaite pour les écrans d'ordinateur (qui n'aiment pas les solvants), les verres de lunettes, les miroirs (essorez bien la lavette pour qu'il ne reste pas de marque d'eau après séchage).

La lavette microfibre permet donc une grande économie de détergent, d'eau et de temps. Sans compter qu'elle limite la pollution car on utilise forcément moins de produits chimiques.

Gardez-en toujours une dans la salle de bains pour essuyer toutes les installations aussitôt après les avoir mouillées (pommeau de douche, parois de portes de douche – surtout la partie inférieure, la plus mouillée). Le calcaire ne se déposera que très peu, voire pas du tout (selon la qualité de l'eau dans votre région). Les miroirs ne seront plus embués si vous les essuyez tous les jours avec la lavette. Plus besoin d'un entretien régulier !

Une seule lavette devrait suffire à nettoyer toute la maison, mais certaines personnes préfèrent en avoir plusieurs : une assez épaisse pour les sols, une autre pour les toilettes et une troisième, plus fine, pour le reste de la maison.

Les lavettes se lavent en machine et durent au moins un an. Leur taille et leur finesse les rendent faciles à utiliser, à entretenir et à ranger ! Fini les vieux morceaux de tissu difformes, effilochés, taillés dans des T-shirts ou draps usés. Si vous voulez faire du ménage un moment de plaisir, utilisez des outils agréables. Choisissez si possible vos lavettes de couleurs différentes et indiquez sur chacune, au feutre indélébile, leur fonction (sol, toilettes, surfaces). Vous pouvez garder la lavette des toilettes dans un sac en plastique à part. Vous pouvez aussi en mettre une quatrième dans la salle de bains pour essuyer les parties mouillées après la douche ou le bain et éviter ainsi les dépôts de calcaire, si désagréables à nettoyer une fois qu'ils ont durci.

Un vaporisateur de vinaigre

Remplissez de vinaigre blanc un petit vaporisateur (contenance 30 ml) pour pouvoir le transporter facilement de pièce en pièce. Il suffira à lui seul à nettoyer toutes les surfaces de la maison (interrupteurs, traces de doigts, appareils audiovisuels, plans de travail de la cuisine, intérieur du réfrigérateur, chromes, vitres, miroirs, bibelots, etc.). Un peu de vinaigre sur une lingette et votre ménage est fait en un clin d'œil.

Une petite raclette de peintre en acier

Ce petit objet est très pratique lorsqu'on en a découvert la puissance pour décoller une tache sur le sol, un morceau de raisin sec séché sur le carrelage, la crasse durcie dans les joints entre la gazinière et le plan de travail, les saletés des mouches sur les carreaux… Vous le trouvez au rayon bricolage de toute droguerie. Sa lame n'a pas besoin d'être très large (2 cm) mais il faut qu'elle soit coupante.

Une mini-brosse plate à épousseter

Cet objet est indispensable pour nettoyer les miettes ou la poussière déposée sur le canapé, dans les replis des fauteuils, des chaises, les angles de murs, les moulures, les plinthes, le pourtour des pieds de meubles que l'aspirateur ne peut atteindre (dégager la poussière au moment de l'époussetage et aspirer au stade final).

Une brosse à poils durs et courts

Contour des robinets, fonds de tiroirs… beaucoup utilisent de vieilles brosses à dent pour venir à bout de ces recoins. Mais celles-ci deviennent vite hors d'usage. Cherchez, dans une droguerie, une vraie brosse de ménage, à peine plus grande qu'une brosse à dent. C'est un achat qui en vaut la peine. Cet objet est également indispensable pour les rainures des fenêtres, les coins de carreaux, les rails des portes coulissantes… Certaines Japonaises ne jurent que par la technique d'un petit morceau de coton blanc enroulé autour d'une baguette et maintenu par un élastique (pour les recoins comme derrière les sièges des toilettes, les appareils ménagers, etc.). Quelques Cotons-Tiges font aussi l'affaire sur les petites surfaces (touches du téléphone, interrupteurs…).

Un produit pour entretenir le bois et son chiffon à polir

Huile pour le bois, cire liquide et autres traitements spécifiques, vous avez le choix, mais n'utilisez pas différents produits sur un même meuble. Cela ne ferait que l'encrasser. Soyez aussi parcimonieux dans l'utilisation de ces produits ; quelques gouttes suffisent. Vous pouvez utiliser un flacon de liquide vaisselle vide et propre pour composer votre mélange (huile et essence de citron). N'oubliez pas au préalable de bien dépoussiérer le meuble avec un chiffon humide puis un chiffon sec. Le chiffon doit être assez épais pour, plié en deux, servir sur une face à passer le produit et sur l'autre à faire briller. Le conserver dans une pochette en vinyle évitera tout contact graisseux avec le reste du matériel.

Une petite pelle et sa balayette

Il en existe de toutes petites, style pelle et balayette de table. Pourquoi s'encombrer de plus ?

Deux sacs en plastique

L'un pour recueillir les débris trouvés ici et là, les poussières de la pelle, etc., sans faire de pas inutiles jusqu'à la poubelle, l'autre pour y ranger vos lavettes mouillées. Ne posez jamais ces dernières n'importe où : non seulement elles risquent de salir ce que vous venez de nettoyer, mais vous risquez de les oublier et de perdre du temps à les chercher.

Et encore…

– Un petit seau (pour faire tremper les lingettes et les brosses, mettre l'eau pour laver le sol, faire sécher les lavettes après usage…).

– Un balai et un balai-brosse (de type Swifer de préférence, en remplaçant les lingettes jetables qui le garnissent habituellement par vos lavettes microfibre).

– Un aspirateur (léger, sans fil si possible et rechargeable avec une batterie ; le ménage devrait se faire sans fils ni poids à traîner).

– Une paire de gants : c'est le contact de l'eau avec les mains qui abîme les ongles et la peau. Portez des gants pour toutes les tâches où vos mains sont en contact direct avec l'eau ou appliquez, *avant* de mouiller vos mains, une goutte d'huile sur la base de chaque ongle (la partie couverte de peau juste au-dessus de la lunule). L'ongle, friable lorsqu'il est sec, absorbe l'eau et devient encore plus sec ensuite (d'où les ongles cassants). Si vous l'imbibez d'abord d'huile, il ne pourra plus absorber l'eau que vous touchez et il ne se cassera plus.

Le hataki

Au Japon, il y a un bruit que l'on reconnaîtrait parmi cent : celui du *hataki*, un plumeau composé d'un fin morceau de bambou noir muni, à son extrémité, de lambeaux de soie. Chaque matin, les ménagères, fidèles à leurs traditions, et les employés des boutiques, tapent vigoureusement avec leur *hataki* tout ce qui se présente, y compris la vaisselle, les abat-jour, les fleurs en papier, les cadrans de téléphone… C'est ainsi que commence la journée de travail. Par la chasse à la poussière. On ouvre les fenêtres et on passe vigoureusement le *hataki* sur toutes les surfaces de la maison, y compris les angles des plafonds, les moulures des meubles, les plinthes, le dessus des livres…

Cet objet n'accroche pas la poussière, comme un plumeau, mais la fait voler, la déloge, jusqu'à ce que celle-ci, lentement, change d'endroit et se dépose au sol. Une fois qu'elle s'est posée, on balaie le sol après y avoir parsemé les feuilles de thé vert de la veille ou des morceaux de papier journal humidifié. Ces débris ramassent alors tout ce qui se retrouve par terre : poussière, cheveux… Certaines femmes utilisent de nos jours l'aspirateur, mais elles admettent que ce dernier est moins efficace (les feuilles de thé, grâce à leurs essences végétales, font briller le sol et répandent en outre une bonne odeur de thé vert dans la maison).

Toute simple, la technique du *hataki* permet d'avoir une maison impeccable en quelques minutes. J'ai longtemps hésité à l'utiliser, pensant qu'il ne faisait que déplacer la poussière, qui retombait de toute façon sur les meubles. Mais après l'avoir mis en pratique, je me suis rendu compte que la poussière est chaque jour délogée de ses recoins et que tout est toujours propre.

Car la poussière ne salit pas les surfaces. Ce n'est que lorsqu'elle y stagne qu'elle finit par durcir, mélangée à l'humidité ambiante, et qu'elle devient de la crasse. Mes amies adeptes du *hataki* me disent qu'il était inimaginable autrefois de faire le ménage sans cet objet. Une pièce nettoyée au *hataki* offre une qualité de propreté et de fraîcheur incomparable. Car cet objet détient en effet un secret : il brasse le *ki*. Passer le *hataki* fait circuler le *ki* dans la pièce. Toutes les mauvaises influences en sont chassées. L'atmosphère prend alors une fraîcheur que ne pourraient lui apporter des fenêtres ouvertes pendant des heures ou des courants d'air provoqués. Le *feng shui* ne recommande-t-il pas, d'ailleurs, de faire bouger le *ki*, de le changer, de le rafraîchir, en plaçant des carillons, des pendentifs en boules de cristal ou autre dans une pièce pour faire bouger ? Une expression japonaise dit aussi qu'il faut faire bouger le *ki* et que c'est en passant le *hataki* qu'on y parvient. Depuis que je connais les secrets de cet objet, je ne peux plus commencer mes journées sans lui. Il m'est devenu indispensable – un vrai besoin. De plus, il est rapide, efficace et simplissime à utiliser.

Nous délaissons de plus en plus d'anciennes pratiques qui nous semblent désuètes aujourd'hui. Mais nous délaissons ainsi des pratiques de bon sens et un savoir-faire qui, même si nous en ignorons les mécanismes, ont été découverts au fil de longues années d'expérience et d'ingéniosité. D'hygiène aussi, bien sûr…

J'ajouterai pour finir que passer le *hataki* – ou se livrer à toute autre forme de ménage – dès le matin donne de l'énergie pour toute la journée. Cela met… en forme !

8
La ronde du ménage

Toute ménagère sait que ce sont les points d'eau qui demandent le plus de travail : commencez le ménage de votre habitation par la cuisine, puis continuez avec la salle de bains et terminez par les toilettes. Poursuivez par le travail d'époussetage : d'abord les chambres puis le salon. Dessinez le plan de votre appartement avec des flèches indiquant la marche des opérations. Gardez cette feuille dans votre panier jusqu'à ce que votre routine soit acquise. Il ne vous restera qu'à trouver la musique adaptée à chaque tâche et l'humeur du moment. Gershwin pour les vitres ? Vivaldi pour les chambres ? Eddie Cochrane pour la cuisine ?

Pour un ménage rapide et parfait

« *Dans l'eau que je puise scintille*
le début du printemps. » RINGAI

Pour vous assurer de faire un ménage parfait et sans stress, souvenez-vous de quelques principes de bon sens. C'est grâce à une routine bien rodée et à quelques principes de base que le ménage deviendra bientôt un plaisir. Voici ce à quoi vous devez veiller :

– Tout d’abord vous assurer que la pièce a été rangée et que plus rien ne traîne qui pourrait entraver la bonne marche du ménage.

– Ne pas faire de pas inutiles et toujours avoir votre panier de ménage près de vous, à votre gauche (si vous êtes droitier ; à votre droite dans le cas contraire). Un principe sans appel.

– Replacer chaque outil de ménage dans le panier (et jamais à côté) *immédiatement* après l’avoir utilisé.

– Ne pas nettoyer là où ce n’est pas sale, ni revenir deux fois sur une même surface. Regarder de biais les surfaces brillantes – miroirs, vitres – pour vérifier qu’il n’y reste plus de traces.

– Tenir la lavette pliée à la taille de votre main ouverte. Utiliser toute la surface de la main pour travailler.

– Travailler le plus souvent des deux mains : pour laver les vitres, procéder avec le vaporisateur dans la main gauche (droite si vous êtes gaucher), la lavette dans la main droite ; tenir fermement un objet d’une main, l’essuyer de l’autre ; tenir les feuilles des plantes dans la main gauche pendant qu’on les essuie de l’autre ; déplacer les chaises de la main gauche en passant l’aspirateur ou le balai de la droite (d’où l’intérêt d’avoir du mobilier léger). Avec un peu d’entraînement, vous gagnerez un temps fou !

– Déplacer les choses un minimum. Par exemple, pour nettoyer les grilles de la gazinière, placer celles de l'arrière sur celles du devant, nettoyer puis inverser. Pour l'intérieur d'un placard, tout mettre d'un côté, nettoyer et procéder de même de l'autre côté. Si vous avez beaucoup d'objets, déposez ces derniers à proximité de l'endroit que vous nettoyez pour ne pas faire de pas inutiles en les déplaçant et en les remettant à leur place.

– Préparer le nettoyage du sol, qui se fera en dernier : mettre l'aspirateur près de la porte, ainsi que les petits tapis, la poubelle et, si l'on décide de faire un grand lavage du sol, un seau d'eau.

– Toujours entreprendre le nettoyage d'une pièce dans le sens des aiguilles d'une montre pour s'y retrouver facilement si l'on est interrompu – par un coup de fil, une livraison...

– Se placer dans un endroit et y nettoyer tout ce qu'il l'exige (excepté le sol) : poussières, surfaces (interrupteurs, bibelots, meubles, feuilles des plantes, barreaux des chaises, poussière sous les coussins, rainures des portes coulissantes, etc.)

– Toujours commencer par l'époussetage des parties en hauteur (plafonniers, livres sur les étagères...), éliminer avec la petite brosse-balai les poussières sur le canapé et finir par le bas (la poussière se dépose vers le bas) : rassembler alors la poussière en petits tas dans des endroits où l'aspirateur (ou le balai) pourra passer.

– Entreprendre le nettoyage du sol en dernier, une fois que toute la poussière est retombée, que les coins sont nettoyés et que tout le reste est rutilant.

– Garder vos outils de ménage dans un état impeccable : nettoyer les brosses et laver les lavettes au savon ; refaire le plein des contenants s'ils sont presque vides, faire sécher les lavettes sur le rebord du seau si vous en avez un. Avez-vous pensé à réserver pour tous vos articles de ménage (aspirateur, produits, seau, balai, panier de ménage, sacs-poubelle, rouleaux de papier hygiénique…) un placard facile d'accès et digne de ses occupants ?

AVANT DE COMMENCER

Ranger les pièces.
Ouvrir les fenêtres et tirer les rideaux
pour aérer.
Recharger votre mobile.
Faire les lits.
Glisser le linge sale dans le panier
ou mettre une lessive en marche.
Vider les poubelles.
Faire la vaisselle.
Arroser les plantes et changer l'eau des fleurs.

L'époussetage du sol

Une fois que vous aurez fait le tour de la pièce à nettoyer, vous reviendrez à la case départ : la porte d'entrée. Là, vous retrouverez votre aspirateur ou votre balai, la poubelle, les petits tapis... Vous devrez commencer par dépoussiérer le sol avant de le laver, en prenant pour point de départ la partie la plus éloignée de l'entrée.

L'aspirateur

Passez l'aspirateur vers l'avant, en mouvements droits, de la longueur du manche, et revenez en biais, très lentement, pour que tout soit bien aspiré. Pour ne pas avoir à vous demander quel endroit a déjà été aspiré, divisez mentalement la pièce en sections en utilisant des repères (meubles, planches de parquet...). Agissez de façon systématique et non au petit bonheur la chance ! Pour aspirer les grands tapis, tenez-vous sur l'un des bouts et aspirez dans un sens, puis allez à l'autre bout et aspirez dans l'autre sens. Le choix d'un aspirateur balai est astucieux : au diable ces objets volumineux, lourds, bruyants et encombrants, difficiles à ranger, que l'on doit traîner partout derrière soi. Ce sont eux qui coupent toute envie de se lancer dans le ménage ! Pour votre prochain anniversaire, faites-vous offrir un aspirateur balai fin, léger, d'un seul corps et tenant debout sans support.

Le balai

Si vous n'avez pas de tapis ou de moquette, un bon balai suffit. Passez-le en mouvements larges, fermes mais doux, pour ne pas faire voler la poussière en tous sens. Tenez-vous droit en balayant et veillez à bouger vos reins en rotation (excellent exercice pour affiner la taille), plutôt que de remuer le balai dans toutes les directions. Enfin, aimez votre balai : ne le posez jamais à même le sol afin d'éviter que ses poils se recourbent ; rangez-le toujours la brosse en l'air ou suspendez-le. Il existe des balais extraordinaires au Japon, faits de fibres végétales si fines qu'elles ramassent le moindre grain de poussière et font briller naturellement le bois, les tatamis. Malheureusement, les artisans qui les fabriquent sont de plus en plus rares. Et les plantes qui les composent également.

Le lavage du sol

« Après les chants du soir, à 16 heures, les bonzes doivent tout nettoyer dans le temple. Les bâtiments sont alors rutilants grâce à des nettoyages répétés pendant des générations. Même une serpillière à manche est considérée comme un objet extravagant. Nettoyer le temple et le garder impeccable et bien rangé est important pour contrôler et faire progresser l'état de son esprit. »

ESHIN NISHIMURA, *UNSUI : UN JOURNAL DE LA VIE MONASTIQUE ZEN*

Selon l'encrassement, vous pouvez vous contenter de passer une fois par semaine la lavette humide (imbibée d'eau, de savon noir dilué ou de vinaigre de ménage) fixée sur le balai-brosse. Une fois tous les trimestres, passez un produit à polir si le sol est en bois ou lavez-le à grande eau. Agissez toujours à reculons pour ne pas repasser sur ce qui a été lavé. Pour les linos et carrelages, un bouchon de savon noir dans un petit seau d'eau suffit et aucun rinçage n'est nécessaire. Pour les parquets huilés ou cirés, utilisez la lavette humide (avec ou sans savon noir) puis, une fois de temps en temps, le produit d'entretien adapté pour le bois. Pour les sols stratifiés ou les parquets vitrifiés, une lavette humide suffit, en passant ensuite un torchon sec pour les faire briller (le savon noir décaperait le vernis au fil des lavages).

Au jour le jour

« La voie de l'art est infinie. Tout ce que je peux maintenant est d'essayer de faire de mon mieux. » MIYAHARA

Les ordures

À un jeune bonze qui demandait à son supérieur ce qu'il devait faire des ordures (feuilles mortes, brindilles…), ce dernier se mit en colère, le traitant de fou et lui enseignant que rien n'est « ordures ». Les feuilles mortes sont le meilleur des composts, les graviers peuvent aplanir un trou… Le jeune bonze connut alors, raconte-t-on, l'Illumination.

Ne traitez pas, vous non plus, vos ordures par ce nom. Soyez-leur reconnaissant. N'est-ce pas grâce à elles que vous vous êtes mouché, que vous avez chaud dans votre polaire en hiver ? Mais évitez d'en avoir trop : en vous nourrissant de produits non traités, vous n'aurez pas besoin d'éplucher les légumes et vous accumulerez moins d'emballages industriels[2]. En filtrant l'eau du robinet avec du charbon de bois dans une carafe en verre, vous n'aurez plus de bouteilles de plastique à jeter. Une petite passoire dans un coin de l'évier est aussi très pratique pour recueillir les coquilles d'œuf, les feuilles de thé et autres petits déchets de cuisine humides (les envelopper ensuite dans du papier journal avant de les jeter). Si vous avez un jardin ou un grand balcon, rien ne vous empêche alors de faire votre compost. Quant aux bouteilles et bocaux en verre, optez pour un panier en osier rigide et droit, tapissé d'un sac en plastique, que vous laisserez toujours à la même place. Cela vous évitera de les renverser avec fracas sur le carrelage de la cuisine et il vous sera plus facile de les transporter

2. Sur ce sujet voir, du même auteur, *L'Art de la frugalité et de la volupté*, Marabout Poche, 2010.

jusqu'au conteneur de récupération. Utilisez aussi le plus possible des serviettes en coton (même de la taille d'un mouchoir de poche) au lieu des serviettes en papier. Et puis autant vous préparer à avoir le moins d'ordures possible : viendra probablement un jour où, comme dans beaucoup de pays d'Europe, nous devrons payer leur ramassage au kilo…

La vaisselle

Si vous n'avez pas de lave-vaisselle ou que vous rechignez à l'utiliser pour quelques verres et assiettes, faites couler de l'eau chaude dans une cuvette et versez un peu de produit de vaisselle, enfilez vos gants, votre tablier, et rassemblez tout ce qu'il y a à laver dans l'évier : la vaisselle sans taches grasses dans la cuvette (verres, tasses à café, couteau à pain…), la vaisselle grasse à côté. Lavez en premier les plus petites choses (couverts, ramequins…) et la vaisselle de la cuvette. Sortez-les de la cuvette et placez-les dans le deuxième bac de l'évier. Avant de plonger la vaisselle grasse dans l'eau savonneuse, grattez avec une petite raclette en silicone les restes de nourriture sur les assiettes et dans les casseroles (économie d'eau et de détergent) ; lavez et déposez toute cette vaisselle avec la précédente, dans le second bac. Rincez tout en même temps (pour ne pas gaspiller d'eau) et mettez à sécher.

Exercez-vous à disposer la vaisselle de la façon la plus esthétique possible sur l'égouttoir. (Autrefois, au Japon, la vaisselle disposée avec art sur les grands égouttoirs plats était un véritable plaisir des yeux. Les ménagères s'efforçaient de la regrouper par couleurs et par formes, aussi régulièrement et esthétiquement que possible.)

Attaquez-vous ensuite aux plus grosses pièces (marmites, poêles, etc.) en utilisant du détergent et une brosse. Si vous n'avez pas le temps de les essuyer ou si vous ne voulez pas que le calcaire de l'eau s'y dépose, vous pouvez les faire sécher sur un torchon absorbant étalé sur le plan de travail, la table de cuisine ou une desserte. Mettez à sécher directement sur la gazinière ce qui rouille (poêles et marmites en fonte).

Les lits

« *Les feuilles tombent*
Sur le futon qui sèche
Et la véranda. » SHIKI MASAOKA

Se glisser dans des draps propres et frais est l'un des plus grands plaisirs de la vie. Jetez les oreillers sur une chaise (ils seront remis en dernier). Retirez toutes les couvertures et les draps (les changer une fois par semaine). Tirez bien le drap du dessous aux quatre coins pour l'aplatir au maximum. Remettez les draps et les couvertures ou votre couette près de la tête du lit avant de les faire glisser vers le pied du lit en les lissant bien. Amusez-vous à limiter au maximum vos déplacements autour du lit, voire à n'en faire qu'une fois le tour, comme les femmes de chambre des hôtels : étalez les draps et couvertures d'un côté, puis bordez tout en faisant le tour du lit.

Pour vous éviter d'avoir à chercher quel drap va avec quelle couette et pour quel lit, placez toujours la parure (draps et/ou housse de couette, taies d'oreiller) complète dans une seule taie d'oreiller, dans la pièce ou se trouve le lit, par exemple dans un tiroir ou dans une jolie boîte sous le lit.

Pour nettoyer les couvertures ou les housses de divan en coton, vous pouvez les faire tremper une nuit entière dans la baignoire, dans de l'eau très chaude additionnée de lessive ou de savon noir, après les avoir vigoureusement foulées aux pieds. Le lendemain, mettez-les dans la machine. Elles seront beaucoup plus propres que si elles revenaient du pressing et vous aurez économisé de quoi vous offrir un joli bouquet…

La lessive

« Heure de la lessive dans le sous-sol du temple. Chaque nissou (femme bonze) lave son linge à la main et l'essore à la machine. Puis elle l'étend sur un sèche-linge pliant (lui aussi personnel) après l'avoir défroissé en le pliant en tout petits carrés puis en le tapotant énergiquement dans les paumes de ses mains (pour « regonfler » les fibres qui, écrasées, rendent le linge fripé). Ici, on ne connaît pas le repassage. Toutes les tenues de nuit (kimonos en coton) et sous-vêtements sont blancs. Et tout ce blanc, sur les petits séchoirs individuels, forme un spectacle étrange et non dénué de charme. » EXTRAIT DE MON JOURNAL DE BORD AU TEMPLE

Prenez soin de votre linge comme l'aigrette qui lisse ses plumes ou le chat qui lèche sa fourrure. Pour bien laver le linge sans trop d'efforts, il faut d'abord le faire tremper. Si vous le lavez à la main (la lessive à la main peut être une tâche très agréable), essorez le tissu dans le sens de la chaîne et non de la trame afin de ne pas le déformer.

Lavez vos lainages fragiles et vos cachemires dans des taies d'oreiller et faites-les sécher à plat entre deux serviettes éponge, dans une pièce chaude. Pour le rinçage des lainages, un verre d'eau vinaigrée dans la dernière eau évite qu'ils ne feutrent.

Le repassage

Il faut toujours repasser un tissu dans le sens du droit fil pour travailler la fibre. Ordre du repassage traditionnel : le linge de corps, puis le linge de dessus, enfin le linge de maison. Et n'oubliez pas que le pliage préparatoire dans le panier (pour bien aplatir le linge et faciliter le repassage) est presque aussi important que le repassage lui-même.

Les surfaces de la cuisine

« *Une maison sale ça signifie autre chose pour moi, un état dangereux de la femme, un état d'aveuglement, elle a oublié qu'on pouvait voir ce qu'elle a fait ou ce qu'elle ne fait pas.* » MARGUERITE DURAS, *LA VIE MATÉRIELLE*

Passez un coup de chiffon humidifié avec un peu de vinaigre de ménage sur toutes les surfaces : portes de placards, murs, réfrigérateur, four à micro-ondes, évier, cafetière électrique…

Les tâches moins fréquentes

L'intérieur du réfrigérateur

Si votre réfrigérateur n'est pas trop plein, déplacez la nourriture de gauche à droite, nettoyez et replacez les contenants après en avoir essuyé la base. S'il est plein, posez les choses sur la table ou le comptoir de la cuisine. Procédez de même pour les tiroirs de congélation en travaillant très vite. Vous nettoierez l'extérieur de votre réfrigérateur lorsque son « tour » sera venu : en même temps que les autres surfaces de la cuisine (portes de placard, plan de travail...). L'idéal est de nettoyer le réfrigérateur lorsqu'il est vide, avant de faire de nouvelles courses.

Le four

S'il est très encrassé, vaporisez la veille du savon noir sur toute sa surface pour laisser les taches se ramollir. Vous pouvez aussi utiliser du vinaigre d'alcool imbibé sur du papier de cuisson que vous plaquez contre les parois du four. Pour éviter de salir devant la cuisinière, disposez au sol, devant le four, de vieux journaux ou chiffons découpés dans de vieux draps.

Le lendemain matin, commencez par éliminer le plus gros des débris dissous à la raclette, puis avec une éponge Scotch-Brite®. Pour éviter les pas inutiles, attendez encore avant d'aller rincer l'éponge dans l'évier : il faut d'abord enlever les débris avec de vieux chiffons ou des papiers journaux. Ensuite, nettoyez le four avec du vinaigre blanc que vous vaporisez, essuyez puis faites-le chauffer quelques minutes pour tout bien sécher. C'est alors que vous pouvez aller rincer l'éponge et jeter les débris à la poubelle.

Si vous avez un four à pyrolyse, une fois le four refroidi passez un chiffon humide à l'intérieur pour enlever les « suies » provenant des graisses transformées par la pyrolyse.

Les escaliers

À l'aide de la petite brosse plate, ramenez les poussières des angles vers le milieu de chaque marche. Ensuite, passez l'aspirateur sur le milieu des marches, en procédant du haut vers le bas de l'escalier.

Les stores à lamelles

Passez dans un sens le chiffon imbibé de vinaigre de ménage dans un sens. Orientez les lamelles dans l'autre sens et repassez le chiffon. Pour un grand nettoyage, décrochez les stores et lavez-les à plat. La meilleure solution, cependant, pour éviter ces travaux, est de dépoussiérer tous les jours au plumeau ou de les essuyer avec un vieux gant de laine.

Les carreaux de la salle de bains

Vous pouvez les nettoyer avec une brosse et un peu de vinaigre ou de savon noir dilué (très peu pour ne pas glisser), puis avec un chiffon sec. Éliminez les moisissures au vinaigre ou au savon noir pur que vous frottez avec la petite brosse dure. L'eau de Javel nettoie également très bien les moisissures. Mais la meilleure façon d'éviter de tels travaux est de sécher les parois humides après chaque utilisation. Le calcaire ne laisse alors plus de traces.

Les meubles en bois

Commencez par les dépoussiérer avec une lavette humidifiée à l'eau. S'ils sont très sales, utilisez du savon noir dilué, qui nourrit le bois et le protège. Vous pouvez passer un produit d'entretien tous les 15 jours (dans un vaporisateur de 50 ml, mélangez 5 cuillerées à soupe de vinaigre, 5 cuillerées à soupe d'huile d'olive et 15 gouttes d'huile essentielle de citron) ou un peu de cire d'abeille liquide. Vous pouvez aussi utiliser de l'huile d'olive, tout simplement : elle nourrit et fait briller le bois. Si vous voulez être encore plus « minimaliste » ou redonner de l'éclat à un vieux bois terni, utilisez deux noix, comme les anciens antiquaires japonais : pilez les cerneaux dans un sac plastique ou un peu de cellophane puis placez une boulette de ce mélange dans un morceau de gaze doublé et fermé par un élastique. Attendez 5 minutes pour que l'huile pénètre le tissu, puis frottez le bois avant de le polir. C'est miraculeux !

9
La culture du geste

Le ménage est un assemblage subtil d'idées et de gestes. On peut faire de cette tâche un système d'esthétique physique complet. La cérémonie du thé représente l'essence des activités quotidiennes de l'homme. Chaque ustensile, chaque mouvement, jusqu'au plus petit geste doivent être esthétiquement agréables.

Avec une routine précise, un état d'esprit enthousiaste, on peut faire du ménage la même chose. Seule la mise au point du rythme juste est délicate. Le secret? S'appliquer à atteindre la perfection dans chacun de ses gestes.

Un geste juste et plein de grâce

« *Le vieux Taoïste faisait tout avec une grâce et une aisance parfaite.* » JOHN BLOFELD

Avoir le tour de main, le geste exact permet un maximum d'économie dans l'effort et le moins de blocages possible dans la pénibilité de la tâche. Chaque individu a son système de gestes qui lui est propre, mais il peut toujours et encore discipliner ces gestes et les régler comme un enchaînement de mouvements de danse. Il peut s'inventer des pas rythmés, par exemple.

Pour faire du ménage un plaisir, il ne suffit pas que seules les idées soient puissantes ; le corps doit pouvoir suivre avec grâce. Car c'est le rythme qui devient le facteur clé, l'élan créant l'élan. Le mouvement du corps devient alors plus fort que le mental. Un ménage exécuté avec grâce peut devenir une activité pleine de beauté et de sens. La prochaine fois que vous nettoierez, laverez, épousseterez, observez chacun de vos gestes. Cela vous donnera le sentiment de faire quelque chose de très important.

La volupté du geste précis

La vie ordinaire est compliquée. Il n'y a jamais deux journées strictement identiques, jamais deux heures sans choses à accomplir, sans décisions à prendre. À chaque instant il faut improviser sur tel ou tel détail, tâtonner, agir. Cependant, il y a des tâches, comme le ménage, qui peuvent échapper à cette règle. On peut en faire un ensemble de gestes parfaits, caractérisés par la précision, le respect de son corps et des objets qui nous entourent, par la présence intense de soi à la tâche exécutée. Cette précision est une victoire sur l'approximation et l'amateurisme, la hâte et l'étourderie, la tendance à laisser les choses à moitié entamées, la tricherie envers soi.

Dans le monde du zen, le disciple apprend à tout faire avec précision. Ainsi, lorsqu'il essuie un bol, il trace avec son torchon l'idéogramme *yu* (eau chaude), en réalisant un cercle au fond du bol suivi d'une ligne verticale médiane du haut vers le bas. Ce geste permet de passer le torchon en une seule fois sur tout l'intérieur du bol. Symbolique, efficace et facile à mémoriser.

Comme une cérémonie du thé

> « *Le Maître, par une lente purification des gestes, par l'humble maniement, nous enseigne l'apprentissage et le respect des objets sans impatience, par la complicité précise des mouvements et de leur souple élégance.* »
>
> WERNER LAMBERSY, *MAÎTRES ET MAISONS DE THÉ*

La pratique du thé, au Japon, avait pour but, à son origine, d'aider les individus à mieux vivre au quotidien. Essuyer un bol avec des gestes économes et précis peut aussi bien se pratiquer en lavant la vaisselle de son petit déjeuner que pendant la cérémonie du thé. Le but est d'agir avec un souci d'esthétique et d'efficacité.

La cérémonie du thé est une discipline qui exige des centaines d'heures de pratique pour trouver la liberté dans la rigueur du geste, la fluidité des enchaînements. Tout, de la préparation des ustensiles au dernier coup de balai de la chambre de thé refermée sur une propreté immaculée, exige une précision et un équilibre parfaits, des mouvements sûrs et précis.

Tirer du *obi*, noué à la taille, un tissu de soie rouge pour nettoyer le pot contenant le thé, saisir ce dernier avec délicatesse, comme s'il s'agissait d'un objet de culte, essuyer le pot d'un geste méticuleux, puis faire de même avec les cuillères à thé avant de replier le tissu de soie… tous ces gestes sont empreints d'un grand raffinement; les mains ne commettent jamais d'erreur lors de ce rituel. Chaque mouvement est lent et mesuré. Le bruit est réduit au minimum, à moins qu'il ne concoure à la tranquillité et à l'harmonie, tel le bruit du fouet sur le bol. Et lorsqu'il prend fin, il y a comme un sentiment de *zanshin*, un calme et une sérénité qui pénètrent l'atmosphère. Mais seul un tel degré de concentration et cette distance vis-à-vis du quotidien permettent d'accéder à cet état de paix et de transcendance, but ultime de tout art trouvant son fondement dans le zen.

Le flux des mouvements

Les pratiquants de la cérémonie du thé parlent du « flux des mouvements ». Ce flux énergétique semble diriger toute l'exécution; l'esprit se libère alors complètement. Il a été débarrassé de son ego à travers les mouvements et par la concentration. Il a atteint cet état de vacuité de l'esprit lui permettant de s'oublier lui-même et de laisser les gestes venir, un état proche de la transcendance dans lequel la conscience n'a plus à se manifester pour parvenir à l'harmonie. En découlent un sentiment de présence totale au monde et, simultanément, un profond détachement. Une fois la technique acquise et assimilée, l'expert peut la dépasser et agir avec naturel, sans effort. Il respecte à la lettre tout ce qui est prescrit mais sa personnalité se reflète enfin dans la réalisation de ses actes.

Le geste et la pensée en osmose

L'expérience d'un travail parfait, le jeu des mains qui agissent en libre arbitre, libèrent le rêve et la pensée. Au Japon, la nature, la vie et l'art se fondent les uns dans les autres. On s'occupe moins de ce que l'on fait que de la manière dont on le fait. Prendre les choses dans l'état où elles se trouvent et en tirer le meilleur parti, voilà la façon de vivre des Japonais. Ils estiment que tout, dans leur demeure, peut être une œuvre d'art tant que l'ordre naturel, la simplicité, la sincérité et la fantaisie y sont maintenus. Ils nettoient ce qu'il y a à nettoyer sans se poser de question. Ce n'est plus leur moi qui agit, mais leur nature originelle. Une nature qui orchestre la danse et le rythme de leur univers. Et quand les rythmes personnels sont en harmonie avec ceux de l'univers, la « synchro-destinée » accomplit un travail magique.

Quand le geste et l'esprit se réconcilient

« Le Maître avance dans une robe lisse, glissant les pieds chaussés de blanc sur les nattes tressées. Intense immobilité. La serviette de lin, roulée autour de la main pour ôter toute trace. Lenteur des gestes, minutie. Rupture avant et après le geste. Silence à peine troublé de frottements et de bruissements. »

WERNER LAMBERSY, *MAÎTRES ET MAISONS DE THÉ*

La première étape est toujours l'expérience elle-même. Trouver le geste juste, supprimer celui qui est inutile... La danseuse Isadora Duncan étudiait le vol des oiseaux, la danse des éléphants, le mouvement des nuages dans le vent, celui des vagues, des arbres ou des fleurs épanouies. « Ces fleurs devant moi contiennent le rêve d'une danse : une danse que l'on pourrait intituler "La lumière tombant sur des fleurs blanches". Une danse qui serait une traduction subtile de la lumière et de la blancheur. Si pure, si puissante que les gens diraient : c'est une âme que nous voyons danser, une âme qui a atteint la lumière et trouvé la blancheur. »

Faire partie intégrante de la beauté qui sort de nos mains

Pour faire le ménage, il faut aimer ce qui est beau. Le regard sur un placard bien rangé, c'est comme faire parler les choses. Mais le plaisir n'est pas seulement contemplatif. Il est aussi dans l'action, au-delà de la sensualité du toucher, quand on sent qu'on œuvre vers la perfection. Il est également en soi, dans le corps en mouvement, dans la grâce des gestes qui créent la beauté.

On peut travailler l'esthétique de ses gestes, « danser » la ronde du ménage pour s'inscrire avec harmonie dans un tableau vivant en cours de création. Tout participe en effet du même ensemble. Les choses, qu'elles soient grandioses ou misérables, fleurs ou poussières, et l'artiste au travail, qui fait partie du chef-d'œuvre, ne font qu'un avec la beauté qui sort de ses mains.

10

La danse du propre

Changer ses postures pour un mental plus clair

« Au moment où vous changez votre position physique, vous changez votre façon de penser. »

UN PROFESSEUR DE TAI CHI CHUAN

Les professeurs de tai chi chuan disent que, si on libère le corps de ses mouvements mécaniques, on libère aussi l'esprit de ses pensées mécaniques. Mais l'opposé est également vrai : si vous changez le flot de votre énergie, vous en changez la structure.

Quand un moment de clarté apparaît, nous passons automatiquement d'une position contorsionnée à une position droite, et inversement. Tenez-vous le dos droit et soignez votre équilibre lorsque vous faites le ménage, sans offrir aucune résistance aux mouvements difficiles (se pencher, se courber, atteindre du bout des doigts le haut d'une étagère…). Vos idées deviendront instantanément plus claires.

Dépasser ses limites physiques

« La vie ordinaire part de là : du rythme et des mouvements, des pas de danse sans cesse répétés et réinventés, du corps à corps émotionnel avec les choses. »

JEAN-CLAUDE KAUFMANN, *LE CŒUR À L'OUVRAGE*

Il faut insister sur le fait que ce n'est pas seulement le corps qui produit, par son mouvement, l'état de plénitude. L'esprit est lui aussi impliqué. Pour connaître le plaisir de la natation, par exemple, il faut développer un ensemble d'aptitudes, cultiver un style, ce qui requiert au début de la concentration. Sans les pensées, les sentiments et les motifs appropriés, il est difficile d'avoir la discipline nécessaire pour apprendre à nager assez bien pour en tirer de l'enchantement. Cerveau et muscles sont également impliqués. Ce sont là aussi des signes de santé. Chaque personne, quel que soit son talent, peut monter plus haut sur une montagne, courir un peu plus vite ou devenir un peu plus forte. La joie de dépasser ses limites physiques est accessible à tous. Même la marche peut devenir une activité passionnante. Le plaisir ne provient pas de ce que nous faisons mais de comment nous le faisons. L'essentiel est de s'engager soi-même. Pour cela, nul besoin de posséder une voiture de sport ou un yacht luxueux. Les gens ne sont pas moins heureux lorsqu'ils s'engagent dans des loisirs peu coûteux (tricot, jardinage, cuisine, bavardage…). Les activités qui requièrent peu de ressources matérielles mais un investissement important en énergie psychique sont parfois plus gratifiantes que celles qui exigent peu de ressources personnelles mais beaucoup de ressources matérielles.

Faire son ménage avec la grâce du danseur

« Bien sûr, cela implique beaucoup de recherche, mais c'est fascinant et sans fin. Cela implique d'étudier pendant des heures la manière exacte de placer une épaule, un menton, certains muscles de l'estomac. Chaque partie du corps doit être étudiée séparément, comme si l'on étudiait les différentes pièces d'une machine. Puis il faut assembler tous ces petits morceaux de puzzle et s'immerger dans son expression artistique personnelle. »

RUDOLF NOUREEV

Qui n'admire pas une danseuse étoile bravant les lois de la pesanteur ? Une femme qui s'adonne au ménage peut, elle aussi, déployer une certaine grâce et créer, à sa façon, une sorte de beauté d'autant plus certaine qu'elle sourd de la vie même et comporte moins d'artifice. Comme les danseurs, tout son être est dans l'instant présent, tout simplement. Ses gestes deviennent une manifestation concentrée de l'univers dans toute sa magnificence. Comme les danseurs, elle a accédé à un haut degré de son art par une discipline patiente. Comme eux, elle a passé des heures à perfectionner les mouvements les plus subtils afin d'obtenir des résultats parfaits, en imaginant avec précision et dans chaque détail ce qu'elle veut accomplir, se familiarisant avec ses techniques, mobilisant les énergies psychophysiques de son organisme, perfectionnant ses performances.

La chorégraphe Martha Graham explique comment parvenir à maîtriser le corps pour devenir un danseur. « À la fin, dit-elle, quelque chose de très beau se passe : vous avancez, pas par pas. Après dix ans, vous dansez. Vous connaîtrez les merveilles du corps humain, parce qu'il n'y a rien de plus merveilleux. La prochaine fois que vous vous regarderez dans un miroir, observez comment vos oreilles reposent près de votre tête. Observez comment la ligne des cheveux pousse sur le front. Pensez à tous les petits os de votre poignet. Pensez à la magie du pied, comparativement petit, sur lequel repose tout votre poids. C'est un miracle, et la danse est une célébration dc cc miracle. »

Bouger avec son âme

« Le corps, par la force de l'âme, peut être converti en un fluide lumineux. La chair devient légère et transparente, comme sur les radios aux rayons X, mais avec la différence que l'âme humaine est beaucoup plus légère que ces rayons. Quand, dans sa puissance divine, elle possède le corps, elle le convertit en un nuage mouvant lumineux, et elle peut ainsi se manifester dans son entière divinité. » ISADORA DUNCAN

Selon Isadora Duncan il y a trois types de danseurs : ceux pour lesquels la danse est un exercice physique, ceux qui dansent pour exprimer leurs émotions et ceux qui transmettent avec leur corps la respiration de l'âme.

La prochaine fois que vous ferez votre ménage, souvenez-vous de ces propos. Vous aurez même peut-être envie d'enfiler une tenue de danse pour cette activité, pour bouger et de redécouvrir Tchaïkovski…

Devenir un autre que soi

« Je me vois debout sur une montagne, derrière notre vieille ferme du New Jersey, élevant les bras dans un geste inconscient d'unité avec la rondeur glorieuse et argentée de la lune. Au même moment, j'écoute le murmure d'une brise légère qui caresse la cime des hauts pins. Je commence à bouger. C'est la première fois que je ressens le besoin physique de me relier à un rythme cosmique. Dans un mouvement de joie complète, comme un être libre dans un monde de beauté et de profondeur infinie. Je me rends à la pulsation invisible de l'Univers. »

RUTH SAINT DENIS

Chaque type de danse transforme le danseur en quelque chose d'autre que lui-même. Il s'échappe d'une structure physique, mentale et sociale prédéterminée, et, par là, se libère. Cette libération prend place quand la danse suit un rythme répétitif et que chaque mouvement à venir est connu d'avance. L'esprit n'est plus alourdi par la responsabilité d'avoir à décider des mouvements. En multipliant les mouvements qu'ils sont capables de faire, les danseurs multiplient aussi leurs possibilités mentales et spirituelles. Parce que chaque geste, chaque posture, évoque un état d'esprit, un plus grand répertoire de gestes ouvre sur un plus grand répertoire intérieur.

La cabine de douche à nettoyer ? Des toiles d'araignée à enlever ? Que d'excellentes opportunités à des recherches esthétiques dépassant amplement la simple fonctionnalité ! Prenez du plaisir à ces gestes, un plaisir immédiat et double : celui de rendre propre votre lieu de vie et celui de cette grâce que vous allez inscrire dans votre corps par l'accord merveilleux avec le geste fonctionnel.

Notre corps est un état de conscience

« *Rien qui m'appartienne*
Sinon la paix du cœur et la fraîcheur du ciel. » ISSA

Plus que de la « matière », notre corps est un état de conscience. Vous n'avez pas besoin de vous laisser emprisonner dans sa lourdeur. Vous pouvez le percevoir, comme les danseurs et les athlètes, grâce à un rythme et à une discipline, qui sont comme une source d'énergie, de légèreté et d'euphorie. Offrez à votre corps l'opportunité de danser avec l'espace, avec les objets. Gardez toujours ce même idéal : l'unité entre vous, vos gestes, et les choses qui vous entourent. Goûtez le plaisir des actes simples du ménage, seule dans votre maison.

Ayez une vision esthétique de vos mouvements, de vos enchaînements, essayez de vous voir virevoltant tout en embellissant les choses, en nettoyant les vitres, le sol, en vous sentant bouger. Et lorsque votre corps a besoin de repos, abandonnez-vous aux délices de la méditation en repassant, avec une belle musique douce et un thé au jasmin. Étirez, par des gestes menus et délicats, le temps et l'espace…

Une gymnastique pour le cerveau

« *Après avoir fait quelque chose de difficile, tout le reste paraît facile. Pour laver ou essuyer le sol, il faut faire de grands mouvements énergiques, passer le chiffon à la main sur le parquet de droite à gauche et vice versa, sans s'agenouiller. C'est mauvais pour le dos et le zazen, me dit-on. Et en faisant cela, il faut avoir l'air en forme. On a l'air en forme quand on veut avoir l'air en forme, nous dit notre maître. Même pour faire le ménage.* » EXTRAIT DE MON JOURNAL DE BORD AU TEMPLE

Le philosophe Herbert Spencer définissait ainsi la grâce : une action accomplie sans l'utilisation de la force. Grâce à de bonnes techniques, des outils adéquats, des gestes travaillés, vous pourrez nettoyer 100 mètres carrés en 60 minutes sans fatigue ni efforts démesurés.

Le ménage, c'est aussi du sport ! Se mettre sur la pointe des pieds pour laver les vitres ou ranger les placards, balayer, frotter, porter la lessive, sécher le linge, faire la vaisselle, repasser : tout le corps est sollicité, mis en mouvement. Or, selon les principes de Paul Dennison, inventeur du *brain gym*, bouger permet de rétablir les connections avec le cerveau, de débloquer les crispations, de stimuler la latéralité, d'améliorer l'équilibre. Il en résulte une plus grande harmonie entre contenu émotionnel et pensée abstraite. Puisqu'il faut faire travailler son corps, autant le faire utilement.

Le ménage-gymnastique

Pourquoi ne pas profiter du ménage pour sculpter et tonifier votre corps ? Le ménage sollicite tous les muscles du corps et améliore la circulation sanguine. Vous pouvez transformer cette tâche en allié minceur. Faire les vitres, passer l'aspirateur peuvent devenir de véritables séances de stretching. En même temps que vous établissez une routine de ménage, établissez-en une d'exercices physiques adaptés à chaque tâche. Vous ne tarderez pas à en constater les bénéfices, outre celui de ne pas avoir à aller dans une salle de sport coûteuse, bondée de monde et remplie de machines barbares. Nettoyer les vitres, par exemple, amincit et muscle les bras. Nettoyer le haut d'une étagère peut constituer un exercice d'étirement. Lorsque vous vous attaquez à une surface en hauteur, amusez-vous à tenir sur la pointe des pieds, puis un seul pied, et enfin sur l'autre. Soyez toujours conscient de votre posture, adoptez des gestes amples pour que chaque mouvement fasse travailler une partie de votre corps. Le ménage peut devenir une véritable séance de gymnastique si les gestes accomplis sont étudiés et exécutés avec attention.

Nettoyer le sol

Gardez le buste droit et fléchissez les jambes. Placez un pied en avant de l'autre, comme un mannequin de mode, pour avancer et compenser la posture verticale de votre buste. Faites de grands pas et des flexions amples. Poussez le manche du balai le plus loin possible. Tout votre corps travaillera (bras, jambes, dos, fessiers…) et cela vous fera même transpirer… Les bonzes zen, pour laver les sols de leur temple, prennent appui de leurs deux mains sur une serpillière et courent aussi vite que possible jusqu'au mur opposé.

Passer le balai et l'aspirateur

Passer le balai en gardant le manche dans l'axe du corps fait travailler les reins. Vous pouvez aussi vous amuser à rester dans une position assise (sans chaise) ou vous tenir debout sur la pointe des pieds pendant 10 secondes. Cela vous fera sentir quels muscles des jambes travaillent. Passer l'aspirateur, le balai, laver le sol peuvent fournir une occasion de faire de l'exercice physique de façon efficace : ils sollicitent à la fois les bras et les jambes. Quand vous passez l'aspirateur, changez régulièrement de bras (une vingtaine de fois de chaque côté) pour tonifier les épaules. Poussez l'aspirateur en sortant et en rentrant le ventre, 10 fois en alternance. Amusez-vous à fléchir les jambes en reculant les pieds l'un après l'autre, comme un balancier. Gardez le buste droit.

Remplir et vider le lave-vaisselle

Remplir et vider le lave-vaisselle permet de faire un exercice de stretching du dos et des muscles latéraux. Balancez vos hanches d'un côté à l'autre pour assouplir la taille.

Prenez le temps de mettre ou de retirer chaque couvert séparément pour augmenter la durée de votre stretching.

Faire la vaisselle

Rentrez le ventre, serrez les fessiers. Puis, les genoux serrés, levez lentement chaque pied vers la fesse du même côté. Faites cet exercice 10 fois de chaque côté.

Laver les carreaux

Toute la partie supérieure du corps travaille, en particulier les épaules et les bras. Entraînez-vous à nettoyer les vitres par grands cercles amples et fluides. Le coude bien plié, pensez à changer de bras pour travailler symétriquement. Le dos droit, effectuez de grands cercles dans un sens puis dans l'autre, avec un chiffon mouillé dans une main et un sec dans l'autre : 10 cercles dans un sens, 10 cercles dans l'autre. N'oubliez pas de contracter les fessiers pendant 10 secondes puis de relâcher.

Vous pouvez aussi vous amuser à changer de tempo : tantôt de grands gestes lents, tantôt des cercles de plus en plus petits et rapides.

Imaginez maintenant un exercice d'aérobic : nettoyez un miroir de plain-pied ou une porte-fenêtre en procédant de haut en bas. Vous alternez alors un étirement du corps vers le haut et des pliés de genoux. Profitez-en pour étudier vos postures et la fluidité de vos gestes dans le miroir.

Faire les lits

Prenez soin de ne pas vous faire mal au dos. Les pieds en décalé (l'un devant l'autre), fléchissez les jambes pour vous mettre au niveau du lit. Contractez les fessiers pendant que vous fléchissez les jambes. Celles-ci deviendront plus toniques. Veillez aussi à faire travailler vos bras en exécutant des mouvements amples pour aérer le lit.

Se baisser pour ramasser quelque chose

Jouets des enfants, morceau de papier : c'est l'occasion idéale pour assouplir les jambes et surtout les genoux. Le dos droit, baissez-vous lentement à partir de la taille et restez quelques secondes dans cette position. Plus difficile, mais excellent également : ne pas poser les talons au sol et garder son équilibre quelques secondes (exercice de yoga très courant). Vous pouvez aussi, si vous êtes assez souple, vous baisser en verrouillant le dos et sans plier les genoux.

Porter quelque chose de lourd

Panier de linge à étendre, petit meuble à déplacer : veillez toujours à équilibrer la charge. Serrez les omoplates autant que possible. Ne pliez pas le dos pour ramasser quelque chose à terre, mais faites travailler vos cuisses.

Étendre la lessive

Pensez aux ballerines d'opéra : tout est dans les pointes. Le dos bien droit, les pieds plantés au sol, montez sur la pointe des pieds en rentrant le ventre, en serrant les fessiers et en gardant les bras dans votre champ de vision pour ne pas cambrer le dos. Vos mollets se raffermiront et vos chevilles s'affineront. Pour le linge à étendre sur les fils du bas, profitez-en pour faire des pliés et gardez les talons décollés en vous penchant.

Nettoyer la baignoire, la douche, les toilettes

« Au nombre des agréments de l'existence, le maître Soseki comptait, paraît-il, le fait d'aller chaque matin se soulager, tout en précisant que c'était une satisfaction d'ordre essentiellement physiologique ; or, il n'est, pour apprécier pleinement cet agrément, d'endroit plus adéquat que des lieux d'aisance japonais, d'où l'on peut, à l'abri de murs tout simples, à la surface nette, contempler l'azur du ciel et le vert des feuillages. »

TANIZAKI, *L'ÉLOGE DE L'OMBRE*

Sollicitez vos biceps et vos triceps en forçant d'avant en arrière avec vos deux bras. Profitez-en pour vous étirer en lavant les endroits d'accès difficile, comme la partie supérieure de la douche ou la partie la plus éloignée de la baignoire. Pour nettoyer les carreaux de la salle de bains, mettez-vous en position accroupie, le dos légèrement incliné en avant, et trouvez votre équilibre. Vous renforcerez les muscles de vos jambes et de vos cuisses.

Nettoyer les surfaces planes

Plan de travail dans la cuisine, portes de placard, sols, etc. : tenez-vous à un endroit fixe et essayez de nettoyer le plus loin possible autour de vous sans bouger de cet endroit. Même lorsque vous lavez les vitres, essayez de les nettoyer sans échelle, mais sur la pointe des pieds. Et pour nettoyer celles-ci comme un pro, faites des lignes verticales avec la lingette d'un côté et des lignes horizontales de l'autre. Cela permet de voir sur quel côté il reste des traces.

La tenue de ménage

L'habit ne fait pas le moine, mais une jolie tenue et de la belle musique vous aideront à transformer les moments que vous consacrez au ménage en une belle séance d'exercices physiques dans un spa de luxe. Le ménage étant un sport, il convient de porter des vêtements souples et qui mettent dans l'ambiance. Un caleçon long et un T-shirt rose pâle, par exemple, sont parfaits. Ajoutez à cela une paire de ballerines et un turban de la même couleur que le T-shirt, un programme de musiques à découvrir ou à redécouvrir (Bach en hiver, Vivaldi au printemps, Beethoven en été et Mozart en automne), et vous voici parée pour une heure d'exercices physiques en beauté. L'intelligence est de tirer de chaque situation le meilleur de ce qu'elle peut vous offrir. Une de mes amies m'a confié un jour que, si elle avait choisi d'être danseuse professionnelle, c'est parce qu'elle avait une mère handicapée et qu'elle connaissait mieux que quiconque la chance que l'on a de simplement pouvoir faire bouger son corps, de l'embellir et d'apprécier la vie dans ses mouvements.

11
Ces maisons faciles à entretenir

Certaines maisons demandent moins d'entretien que d'autres

« Je savais quels étaient les sols pénibles à nettoyer. Les poreux, les foncés, les vieux sols rétifs au lavage, les encrassés desquels il n'y avait rien à espérer. Des salauds en somme. Il y avait des maisons particulièrement vicieuses, celles qui se salissaient plus vite. Proches de la route, vieilles maisons. On s'indignait contre elles. On s'indignait du choix de cette couleur salissante, contre ces vitres mal orientées et toujours sales. La pluie les frappe, le soleil tape dedans, on voit tout. Les vitres sales se transformaient en preuves d'un coupable laisser-aller… Et il y avait les maisons faciles d'entretien, les sols sur lesquels il n'y a qu'une toile humide à passer pour que ce soit propre. Ça, c'était l'Éden. » UNE INTERNAUTE

Une mauvaise orientation ou les matériaux employés à la construction d'une habitation ne sont pas les seuls facteurs qui rendent son entretien difficile. Bien des heures de ménage pourraient être évitées si l'on changeait quelques habitudes… Certes, il n'existe pas de maison ne nécessitant aucun ménage. Mais certaines en demandent moins que d'autres. Cela dépend principalement de plusieurs facteurs :

– la régularité avec laquelle on fait son ménage ;
– l'encombrement et le type d'objets que l'on possède ;
– les habitudes du quotidien ;
– la taille de la famille ;
– s'il y a des animaux domestiques ;
– le goût pour le *wabi sabi*.

Plus on multiplie les petites séances de ménage, moins il y a de « gros ménage » à faire. Et inversement. La poussière accumulée et les taches et résidus durcissent avec le temps : plus on attend pour les nettoyer, plus ils exigent d'efforts. Une tache essuyée immédiatement s'efface aisément. Laissée en l'état, elle peut devenir indélébile.

Le type d'objets que l'on possède

« Il y avait les choses pénibles à nettoyer. Les ustensiles de cuisine pleins de recoins. Ce mixeur, ça devait être un homme qui l'avait pensé, impossible à nettoyer. Cette gazinière où rien ne se démonte, pas pratique, pas lavable. Ça ne pouvait être qu'un homme qui l'avait conçue ! » UNE INTERNAUTE

Ce sont rarement les gros meubles qui demandent le plus d'entretien, mais toutes les petites bricoles. Des meubles légers sont cependant plus faciles à bouger lorsqu'on doit nettoyer derrière (petites tables, chaises de paille…). L'idéal serait une maison sans meubles (ou des meubles casés dans des placards sans portes, comme le font les Japonais pour avoir des espaces nets et spacieux, même s'ils ne mesurent que 9 m^2) ou des placards à la place des armoires et commodes, des futons que l'on sort du placard le soir pour dormir et que l'on rentre le matin, après les avoir aérés à la fenêtre (les futons-lits utilisés en France sont beaucoup plus lourds que les futons japonais qui ne pèsent, pour certains, que 2 kg !). Mais si tout cela vous paraît impossible à concrétiser, vous pouvez toujours fixer des roulettes sous le réfrigérateur, la gazinière, le sofa, etc.

Attention aussi aux tapis et aux moquettes, qui peluchent et engendrent beaucoup de poussière dans la maison (ou préférez les poils courts, moins difficiles d'entretien). Tapis et moquettes sont des nids à poussière, acariens et autres misères. Si vous voulez réduire l'entretien au minimum, ne possédez que le strict minimum (éliminez sans regrets guéridons, porte-magazines, tabourets, vases, plantes au sol, statuettes, objets décoratifs divers qui encombrent l'espace, accumulent la poussière, exigent d'être bougés et vous compliquent la tâche). Pour éviter d'avoir trop de choses à dépoussiérer, rangez le plus de choses possible (documents, vêtements peu portés, couvertures, etc.) dans de grandes boîtes rectangulaires casées sur des étagères.

Quant aux objets que vous voulez exposer au regard, que ce soient des vases, lampes ou bougeoirs, veillez à ce qu'ils soient de lignes pures, simples et sobres. Sur ces surfaces unies, la poussière n'a pas de prise.

Des habitudes qui vous feront gagner du temps

« *Interdiction de déposer ses chaussures à l'entrée de façon désordonnée.* » ÉCRITEAU À L'INTÉRIEUR D'UN TEMPLE ZEN

– Décidez une fois pour toutes que l'on se déchaussera au seuil de votre maison (y compris le plombier !). Beaucoup d'Occidentaux ont encore du mal à changer leurs vieilles habitudes, mais des paires de mules d'intérieur élégantes (de couleurs différentes pour les hommes et pour les femmes) les aideront peut-être à se défaire de pratiques ni hygiéniques ni respectueuses de l'environnement intérieur ! Les Orientaux se déchaussent d'ailleurs davantage pour marquer la frontière entre l'extérieur et l'intérieur que pour éviter de salir leurs sols…

– Décidez de l'endroit où vous vous coupez les ongles, où vous vous brossez les cheveux, etc. Pour ces gestes courants, prévoyez un petit tapis avec un fauteuil ou un tabouret (ou un seau renversé en guise de siège, que l'on glisse rangé dans le bac de douche quand il ne sert pas) : il vous suffira alors de nettoyer le tapis et le siège.

– Privilégiez la grande assiette sur laquelle tout est posé, y compris le pain, pour avoir moins de vaisselle à faire.

– Faites la vaisselle aussitôt après avoir mangé, pour que la nourriture ne sèche pas dans les plats ou les casseroles. Quand cela n'est pas possible, laissez tremper la vaisselle sale dans une petite cuvette d'eau chaude additionnée de savon noir dilué.

– Quand vous cuisinez, même si cela vous prend un peu de temps, nettoyez casseroles et plats au fur et à mesure. Il ne devrait plus rien rester à nettoyer lorsque vous vous mettez à table. Épluchez les légumes dans une petite cuvette ou sur une feuille de journal. Conservez vos légumes dans des sacs en papier ou dans du journal plié en forme de panier. Un autre petit détail, mais pas moins important : évitez de faire de la cuisine grasse. Cela sera bon pour votre ligne… et évitera les dépôts de graisse sur toutes les surfaces de la cuisine (hotte, murs, évier...). La cuisine vapeur est excellente : une noisette de beurre frais ou une sauce de votre fabrication assaisonnent mieux que tout des ingrédients frais et de qualité.

– Nettoyez la salle de bains aussitôt votre toilette achevée : pas de dentifrice durci, de cheveux dans le lavabo, de taches de calcaire sur les parois de la douche. Laissez toujours un petit chiffon soigneusement plié sur le lavabo pour essuyer les gouttes d'eau sur le miroir ou le pourtour du robinet. Troquez les savonnettes pour un savon liquide.

– Ne faites pas couler l'eau à grands jets mais en petit filet : vous éviterez ainsi un gaspillage impardonnable, ainsi que les projections qui salissent le pourtour de l'évier ou du lavabo, qui éclaboussent le miroir. Utilisez un verre à dents.

– Au lieu de poser votre linge sale sur une chaise ou au sol, mettez-le directement dans la machine à laver ou dans un sac à linge suspendu derrière une porte. L'idéal serait d'avoir son dressing près du lave-linge. Le soir, posez-le, comme les Japonais, dans une corbeille réservée à cet effet, près du futon. Pour vous faciliter la tâche, prévoyez aussi, près du sac à linge, une pochette en résille fine et à fermeture Éclair pour y placer votre lingerie fine, les chaussettes ou les mouchoirs.

Les animaux domestiques

Si vous en avez chez vous, il sera difficile de garder une maison propre. Poils, boue sur leurs pattes ravissantes, puces sur le tapis… Soit vous les laissez dehors s'ils ont un abri, soit vous leur essuyez les pattes lorsqu'ils rentrent du dehors et vous les brossez régulièrement. S'ils ont des puces, frottez-vous les mains de quelques gouttes de lavande : les puces fuiront immédiatement. Vous devez aussi habituer votre chien à ne pas pénétrer dans certaines pièces, ne pas le laisser monter sur les lits ou les fauteuils. Pour les chats, inutile de préciser qu'ils ne devraient pas escalader le plan de travail de la cuisine… Mais ils sont si mignons, vous dira-t-on !

Un peu de bon sens

La cuisine

Plus encore que la décoration de leur intérieur, les maîtresses de maison japonaises aiment la propreté. Elles enveloppent la vaisselle qu'elles n'utilisent pas souvent dans de la Cellophane, elles découpent le poisson sur une planche à découper recouverte de cellophane. Elles recouvrent leurs ustensiles ménagers (théière, toaster, autocuiseur pour le riz, passoires…) d'une serviette blanche de gaze doublée (souvent brodée) afin que la poussière mêlée à la graisse de la cuisine ne se dépose pas sur leur surface. Les plus sages s'efforcent de vivre sans tous ces gadgets de la vie moderne. Car, s'ils semblent pratiques de prime abord, ils nous prennent en fait beaucoup de temps en nettoyage, réparations ou remplacement de pièces abîmées (sans parler du temps passé à chercher la garantie d'une machine à café que l'on n'utilise que de temps en temps, de la file d'attente au comptoir du service après-vente...). Les Japonaises, le plus souvent, coupent et hachent tout à la main, gardent une serviette humide près de la planche à découper pour l'essuyer – ainsi que le couteau – entre chaque tâche au lieu de la passer sous l'eau. Elles évitent ainsi les gestes inutiles et le gaspillage.

Avez-vous pensé à cuire pâtes et légumes ensemble dans une poêle au lieu d'une casserole ? Une fois les ingrédients prêts, il suffit d'éliminer l'eau de cuisson (en maintenant les aliments dans la poêle à l'aide du couvercle), de rajouter un peu de matière grasse et des condiments ou épices, et le tour est joué : une seule chose à laver au lieu de trois (la passoire, la casserole et la poêle !).

Pensez aussi à vous munir d'une raclette en silicone pour la vaisselle grasse. S'il reste un fond de curry dans une casserole ou sur une assiette, utilisez cette raclette pour éliminer ces restes de nourriture avant de faire la vaisselle. Cela vous évitera de salir inutilement l'évier et le conduit d'eau, et votre éponge sera moins graisseuse. Une économie d'eau, de détergent et de temps…

Le linge

Choisissez des couleurs faciles d'entretien ! On peut s'étonner de trouver fréquemment du noir (coussins, vêtements) chez les bouddhistes zen, si soucieux de se mettre en harmonie avec l'Univers et sa riche palette de couleurs. Mais il faut se souvenir que le noir est le symbole des choses pratiques et de la tradition. Au Japon, cette couleur a toujours été très répandue et bon marché. On jugeait cette teinte très commode car elle permettait – tout comme l'indigo – de dissimuler l'usure et la saleté. Quant au blanc, c'est l'autre couleur facile d'entretien : un peu d'eau de Javel et la netteté revient.

Quant au repassage, si c'est une corvée pour vous, pourquoi s'y plier absolument ? Il existe assez de vêtements en tergal ou nylon, et de techniques pour éviter linge froissé. Il suffit de le taper dans les paumes de ses mains encore humide, dans le sens des fibres, ou de le plier impeccablement pour le mettre en pile (toujours utiliser en premier celui placé en bas de la pile). Pensez à avoir autant de corbeilles à linge que d'habitants dans la maison et marquez le nom de chacun dessus. Vous y déposerez les draps dedans et chacun se chargera de les ranger dans le tiroir sous le lit.

Demandez-vous d'ailleurs s'il est bien nécessaire de les repasser… Dans le zen, qui évite les gestes inutiles, le fer à repasser n'existe pas.

Un autre petit secret : pour avoir du linge d'un blanc impeccable, ne le faites pas bouillir. Une vendeuse de draps m'a expliqué que le coton est naturellement ivoire et qu'on le teint en blanc. Si vous le faites bouillir, il perdra sa blancheur !

Le trempage facilite le lavage

Le secret de nos aïeules, ou plutôt leur règle n° 1 pour économiser du temps, de l'eau et des efforts ? Faire tremper tout ce qui est sale avant de le laver.

Il n'est pas nécessaire non plus d'utiliser du produit de vaisselle pour ce qui n'est pas gras (comme les verres, le panier à salade, la théière…). Lavez ce qui n'est pas gras en premier. Vous n'aurez pas besoin de rincer.

Le goût pour le wabi sabi

« Ce qui est ennuyeux, disait quelqu'un, c'est que la reliure en fine étoffe de soie s'abîme vite. – Mais non ! répondit Tonna, ces étoffes prennent plus de charme lorsque le haut et le bas sont usés… Quel que soit l'objet, sa perfection est un défaut. Laissez les choses inachevées, comme elles sont, sans fignoler ; j'y trouverai de l'intérêt et je me sentirai à l'aise. »

URABE KENKÔ, *LES HEURES OISIVES*

Le *wabi sabi est un* concept esthétique zen, développé par les maîtres de thé du XVIe siècle, qui valorise la beauté de l'imperfection, le goût pour les choses qui ont vieilli, pour la patine des objets. Qui peut nier le confort familier d'un jean usé, l'élégance rustique d'une vieille villa italienne ou la splendeur aux couleurs passées d'une céramique longtemps utilisée ?

Le *wabi sabi* vénère ce qui est non poli et naturel, basique, unique et imparfait. Son influence est à l'origine de ces habitats japonais où rien ne brille, où tout est patiné. Aux yeux d'un Japonais, une théière en argent n'est belle que lorsqu'elle devient « violette » (oxydée pour les yeux du profane), une poêle quand elle est noire de suie, une tasse à thé craquelée et culottée, un pot en étain lustré de gris-noir.

Pour patiner une poêle en fonte, contentez-vous de la brosser puis de la faire sécher sur le feu. Patinez votre théière avec un reste de thé sur un petit morceau de tissu. Sachez choisir un bois non traité : il embellira avec le temps et se patinera par un lavage à l'eau (ou au thé).

La cérémonie du thé Sencha : une source d'inspiration

« *Un chiffon n'est jamais posé sur l'évier sans être plié, avec négligence ou dans un moment d'inattention.* » EXTRAIT DE MON JOURNAL DE BORD AU TEMPLE

L'art du thé, c'est la culture de l'attention s'exerçant par quelques gestes simples, mais parfaits, sur des objets eux-mêmes élémentaires, mais sans défaut dans leur ingéniosité. Dépouillement et humilité se conjuguent avec une perfection qui se fait oublier.

Il existe au Japon une cérémonie similaire à celle du thé vert en poudre, beaucoup moins connue mais peut-être plus utile encore à l'apprentissage de l'ordre, de la propreté et de l'appréciation du quotidien : c'est la cérémonie du thé Sencha.

On pratique cette cérémonie avec une boîte contenant une minuscule théière, des tasses et des soucoupes, quelques sucreries, un long plateau étroit, une bouteille Thermos (aujourd'hui) et un grand tissu posé à même le sol. Le maître procède à la mise en place des ustensiles et de la vaisselle et tout, du début à la fin, se fait sans avoir à se déplacer. Tout est calculé, pensé, ritualisé en un ballet de gestes menus et gracieux. Le maître utilise deux petits torchons pendant la cérémonie : un *bonkin* pour tout ce qui ne rentre pas en contact avec le thé ou les lèvres (plateau, soucoupes, partie inférieure de la théière…) et un *chakin* pour essuyer les tasses et la partie supérieure de la théière. J'ai ainsi appris à essuyer le plateau en quatre coups de chiffon précis : de gauche à droite sur la partie supérieure du plateau, puis de haut en bas, ensuite sur la partie gauche du plateau du haut vers le bas, et enfin de gauche à droite. Je me suis aussi entraînée à essuyer les tasses en commençant par leur socle, puis en faisant tourner celui-ci de façon que l'eau retombe, avant d'essuyer l'intérieur en tenant le torchon d'une main ferme. Aucun geste n'est vain, chacun a sa raison d'être. Je continue à essuyer mes tasses de cette façon, me souvenant avec délice de ces cours de cérémonie du thé dans les règles de l'art.

Le culte des serviettes au Japon

« Sur la serviette offerte à chacune ce matin il est inscrit : « Ichi lin hana no tokuku waga seiyo » signifiant qu'il faut se contenter de vivre comme une fleur. La seule raison d'être d'une fleur est de s'épanouir. »

EXTRAIT DE MON JOURNAL DE BORD AU TEMPLE

Plus que la méditation en position du lotus *(zazen)*, c'est le ménage que l'on pratique le plus dans le zen sôtô. Inutile de préciser qu'il est d'une rigueur sans égale ! Prenons les chiffons, par exemple. Chacun porte un nom : le *jokin* pour les choses nobles (vases, encensoirs, statuettes, etc.), le *fukin* pour la poussière autre que celle des sols, le *zokin* uniquement pour le sol et les escaliers (tout ce qui est en contact avec les pieds). On n'utilise que de l'eau pour ce ménage – en petite quantité dans un seau. À la fin du ménage, le chiffon pour la poussière est secoué dans un carton à poussière, ceux employés pour les surfaces et le sol sont essorés, l'eau du seau est vidée sur les plantes et les torchons sont disposés, tels des objets sacrés, sur le rebord du seau pour sécher jusqu'au lendemain dans le placard de ménage.

Les serviettes japonaises sont, comme presque tout dans ce pays, confectionnées selon des tailles standard. On en trouve principalement deux types : la *tenugui* (60 x 30 cm) et la *fukin* (30 x 30 cm). Cette dernière s'appelle *oshibori* quand on l'utilise pour se rafraîchir les mains avant et après le repas. Ces petites serviettes sont présentes où que l'on soit et servent à de multiples usages. Leur taille permet de les plier facilement pour les transporter avec soi ou les ranger facilement.

Les usages de la *tenugui*

– Se laver le corps, puis bien essorer la serviette pour se sécher (confectionnée dans un coton très fin, elle sèche rapidement). Si on a les cheveux longs, on se munira d'une autre serviette utilisée comme bandeau de tête. Il en existe aussi en gaze, pour les bébés ou les peaux délicates.

– S'éponger le front, s'essuyer les mains.

– Reposer la lame du couteau de cuisine sur la serviette humidifiée et le nettoyer en deux coups rapides entre deux découpes.

– Tapisser les placards de cuisine et les tiroirs : les verres ne s'ébrèchent pas et restent secs.

– Sécher les cheveux des clients dans les salons de coiffure. Chaque jour, le spectacle de ces serviettes qui sèchent devant les devantures, sur leur Tancarville, est un enchantement : tout sent tellement le propre dans ce pays !

– Se protéger les cheveux pendant le ménage.

– Repasser le linge à la pattemouille.

– Protéger ses vêtements lorsqu'on se laque les cheveux.

– Faire des cadeaux peu onéreux et utiles. Certaines sont imprimées à l'effigie d'un site touristique, d'une source thermale… Beaucoup de Japonaises les collectionnent !

Les usages de la *fukin*

– Essuyer ses vêtements s'il pleut – les Japonaises en ont toujours une dans leur sac. (Le mouchoir, dont la fonction est distincte, ne se passe que sur le visage : il ne s'agit pas de maniaquerie, mais tout simplement de différences de pratiques d'hygiène.)

– Envelopper une bouteille d'eau minérale glacée.

– Essuyer la vaisselle.

– Nettoyer la table avant et après le repas.

– Essuyer les pattes du chat qui est sorti sur le balcon mouillé.

– Recouvrir l'autocuiseur à riz, la cafetière électrique, les tasses, la théière et le pot à thé sur leur plateau…

– Presser un bloc de tofu pour en extraire l'eau (la *fukin* remplace alors le papier absorbant).

– Se rafraîchir en été (elle est humidifiée et remplie de glaçons avant d'être glissée dans un sac en plastique rangé dans le sac…).

Ces serviettes sont de véritables trésors d'hygiène, de commodité et de confort. Elles ont d'ailleurs encore bien d'autres fonctions qu'il serait trop long d'énumérer… Elles sont généralement blanches (le blanc étant, au Japon comme ailleurs, symbole de propreté mais aussi de pureté), faciles à laver (nécessitant moins d'eau et de lessive que nos énormes serviettes de toilette et de bain). Les serviettes de toilette en nid-d'abeilles seraient, par leur finesse, leur confort et leur facilité d'entretien, ce qui s'en rapproche le plus.

Quelques routines pour l'entretien du linge

– Établissez une routine hebdomadaire : par exemple, lessive le lundi et le jeudi pour un foyer de deux personnes (plus souvent pour une plus grande famille).

– Ayez plusieurs paniers à linge : un dans la salle de bains, un autre dans la chambre et un dernier près de la machine à laver (pour mettre le linge plié et le transporter).

– Rangez le petit linge dans une armoire avec les chapeaux et les sacs, sur l'étagère la plus haute, les vêtements longs dans un compartiment à tringle, les hauts (chemisiers, vestes) sur une tringle haut placée, les jupes et pantalons sur une tringle au-dessous. Les chaussures ont leur place dans un placard à l'entrée de la maison…

– Débarrassez-vous d'un maximum de vêtements : moins vous en possédez, moins vous avez à en nettoyer. Si vous en avez trop, vous ne pourrez les ranger correctement.

– Achetez autant que possible des vêtements qui ne demandent pas de repassage.

– Dans la mesure du possible, installez une buanderie près de l'armoire à vêtements.

– À côté du panier à linge, prévoyez un autre sac pour tout ce qui est destiné au pressing. Pensez aussi à élaborer une routine pour le pressing : un jour fixe pour aller le porter, un autre pour aller le reprendre.

– Prévoyez un sac en résille pour le linge délicat destiné à la machine à laver. Il vous suffira alors de glisser ce sac dans la machine, sans avoir besoin de faire le tri avant.

– Préparez-vous pour la nuit au moins une heure avant de vous coucher afin d'avoir encore assez d'énergie pour ranger le linge sale. Vous pouvez en profiter aussi pour préparer sur un cintre votre tenue pour le lendemain.

– Réservez une étagère pour les vêtements à réparer.

– Possédez seulement deux sets de draps par lit, dont un que vous rangerez dans une boîte ou un tiroir sous le lit.

– Deux sets de serviettes de toilette par personne suffisent.

– Éduquez vos enfants aux soins de leur linge : à 12 ans, ils devraient avoir acquis leur routine de lessive (mettre le linge sale au panier, décider eux-mêmes de ce qu'ils vont porter…).

– Prévoyez un petit vide-poches à l'endroit où vous vous déshabillez pour y déposer pièces de monnaie, menus objets, bijoux, etc.

– Installez une petite table (ou un abattant contre un mur) près de l'endroit où vous pliez le linge si vous ne voulez pas avoir à le plier sur le lit.

– Achetez des chemises qui ne se froissent pas et n'ont donc pas besoin de repassage.

12
Approfondir son rapport aux objets

L'impact des objets dans notre quotidien

« Considère la casserole comme s'il s'agissait de toi-même… Traite tous les ustensiles comme s'ils étaient tes propres yeux. » DÔGEN

Les objets agissent sur nous et en retour nous agissons sur eux. Nous ne nettoyons pas juste pour nettoyer. C'est aussi un moyen de garder le contact avec notre environnement, de le respecter, de révéler sa beauté et sa dimension spirituelle, et purifier notre esprit à travers ces objets auxquels nous sommes associés. C'est aussi les soigner, les respecter.

Que se passe-t-il avec la part de nous incluse dans ces objets ? Qu'apportent-ils à notre existence ? Lorsque nous prêtons attention à un objet et en prenons soin, notre vie acquiert encore plus de sens. Nous entretenons une relation avec chaque objet. Vous êtes-vous déjà demandé qu'elle part de vous se trouve en lui ? Pourquoi vous l'avez choisi, aimé ?

Le maître zen Dogen se mettait à la place des êtres et des objets inanimés. Dans le monde du zen, tout a la même importance, personnes ou choses. Le zen recommande de ne rien manipuler avec rudesse, de ne pas préférer un objet délicat à une planche à découper parce que celle-ci est vieille et usée. Tout objet a sa valeur parce qu'il a son utilité. Ce qui compte, c'est l'attitude de celui qui l'utilise. Ce qui fait sa valeur, c'est le degré de respect et de gratitude qu'a son utilisateur envers lui.

Dans un temple zen, le maître observe en secret comment ses élèves manipulent les objets. Il peut ainsi lire dans leurs pensées. Il leur apprend à se mouvoir avec grâce dans le monde des choses, à savoir comment vivre, comment être. Soigner ses objets, c'est prendre conscience de l'abondance dont nous jouissons. C'est apprécier d'avoir accès à tout cela… Soigner nos possessions est un moment de quiétude qui apporte une certaine dignité à la vie. C'est une manière d'être au monde.

Le seul fait de posséder de belles choses ne rend pas forcément la vie élégante. L'élégance réside dans les liens que nous entretenons avec les différents aspects du monde, qu'ils soient matériels, relationnels ou spirituels. Au Japon, culture et objets de la vie courante sont très liés. Ces derniers influencent la façon dont les gens perçoivent leur quotidien. Ne manipulez aucun objet avec rudesse. Ne malmenez pas ce qui est sans valeur marchande. Toute chose doit être utilisée avec le soin qui lui convient, c'est-à-dire avec amour et sincérité.

Redonner leur valeur aux objets

« J'ai rarement vu des gens qui maîtrisaient aussi bien leurs outils [que les Japonais]. Ils les intègrent tellement à leur vie qu'ils en sont émouvants. Les gens qui maîtrisent quelque chose (les artisans) ont dépassé un stade. On peut leur faire confiance. Ils sont authentiques. Avoir le tour de main, le geste exact permet d'avoir le maximum d'économie et le moins de blocages possible. » FRANÇOISE MORÉCHAND

Pour Françoise Moréchand, le Japon, pays du non-dit, est plus facile à comprendre à travers son architecture et ses objets que par ses habitants. L'importance des objets dans cette culture révèle l'amour de la beauté et du travail bien fait. Généralement peu encombrants (passion toute japonaise pour la miniaturisation), ils permettent un gain d'espace providentiel. Ils influencent la façon dont les gens perçoivent leur quotidien.

Ceux considérés comme parfaits le sont parce qu'ils sont conçus en accord avec la nature et en fonction du geste auquel ils sont destinés. Ils fascinent par leur matière, leur forme, leur perfection, leur ergonomie, leur simplicité et leur performance. Les objets utilisés pour le ménage fonctionnent comme des repères dans les enchaînements des gestes. Ce sont eux qui guident les mouvements. On ne les remarque pas mais ils sont étroitement associés à chacune de nos actions.

Des objets que l'on aime et que l'on respecte

« *En général, le mobilier révèle chez l'hôte une infériorité inattendue. Loin de moi la pensée qu'on ne doive posséder que des objets de grande valeur. Je parle en particulier de ces objets enlaidis sous prétexte de les protéger ou bien de ceux auxquels on a ajouté des décors inutiles, fantastiques ou importuns, par simple goût de la curiosité. Ce qu'il faut chercher, c'est le style ancien, la modestie des proportions et des prix, enfin des ouvrages bien faits.* » URABE KENKÔ, *LES HEURES OISIVES*

Nous pouvons purifier notre esprit à travers les objets que nous possédons. Tout objet devrait fonctionner comme une partie de notre corps. Revenez à des objets traditionnels, à la beauté immuable. Apprenez à faire confiance aux choses et comprenez l'importance qu'ils ont dans votre quotidien.

Privilégier la qualité et la solidité d'un objet, la perfection de sa fabrication, le fait qu'il puisse durer presque éternellement, tout cela relève d'un système de pensée qui signe notre façon d'envisager le monde. Pour vraiment apprécier ce que l'on a, il faut être patient, scruter nos possessions avec lenteur et minutie. Dans les sociétés qui nous ont précédés, les objets étaient vecteurs de continuité et de stabilité. Entretenez vos parquets et escaliers anciens au lieu de les recouvrir de moquettes synthétiques. N'arrachez pas les mousses d'un vieux mur de pierre: ce sont elles qui font tout son charme. Nourrissez ce qui est authentique, vivant, changeant. Acceptez le fait que vous changez en même temps que vos objets, que rien ne dure et que pourtant rien n'est jamais fini. C'est ainsi que l'on accède à la maturité du bonheur, que l'on peut trouver de la clarté et de la grâce dans une existence vraie et sans verni. Entourez-vous d'objets parfaits, par exemple un fauteuil en bois fabriqué à la main, vrai, droit, sans fioritures et fonctionnel, au dossier joliment incurvé et confortable pour le dos. Prenez soin de sa patine aux tons chauds et riches. De tels objets vous feront aimer le ménage, vous feront aimer soigner votre intérieur. On se sent différent lorsque l'on touche des choses que l'on aime. L'amour de ces choses pousse à se dépasser dans le travail ménager, comme l'amour pousse à se dépasser dans le travail familial.

La philosophie de l'objet idéal : une morale esthétique

« Je veux apprendre de plus en plus à voir la beauté des choses dans leur nécessité, et devenir ainsi un de ceux qui rendent les choses belles. » NIETZSCHE

Entourez-vous d'objets modestes mais jamais de pacotille, bon marché mais pas fragiles. Le luxe pour le luxe, les objets fabriqués dans un but lucratif ou pour la production de masse, voilà ce que vous devez à tout prix éviter. Revenez à ce qui est naturel, sûr, simple. Le penseur Soetsu Yanagi insistait sur l'importance de révéler la beauté des objets d'usage courant et leur dimension spirituelle. Chaque ustensile doit être ergonomique et agréable sur le plan esthétique. Les objets sont non seulement censés embellir le quotidien mais aussi le rendre plus aisé, plus agréable, plus fluide. N'accordez pas une trop grande importance à des objets dont l'extérieur sophistiqué l'emporte sur la qualité intrinsèque.

Entretenez vos possessions

« La maison, c'est toujours un peu, avouons-le, comme si on vous donnait un yacht, un bateau. C'est un travail impressionnant que la gérance d'une maison. »

MARGUERITE DURAS, *LA VIE MATÉRIELLE*

Aiguisez vos couteaux, faites briller ce qui doit briller, laissez mat ce qui doit se patiner. Se désintéresser du ménage, de l'entretien des objets est signe de paresse et d'égoïsme – comme si l'on tentait de vivre à l'écart des choses.

Au contraire, laisser tous ces petits objets nous entourer, chacun à sa place, libres de tout artifice, disposés les uns à côté des autres, apporte de la chaleur et de l'harmonie dans le foyer. Soigner ses possessions, les aimer, permet de trouver un juste milieu entre hygiène et confort, entre ordre et fantaisie. Tout ce qui est possédé doit avoir un gardien.

De plus, bien entretenir et nettoyer ses objets est un gain d'argent assuré, car tout ce qui n'est pas entretenu se détériore, et tout ce qui est détérioré doit être remplacé. Prévoyance et régularité sont les conditions requises pour le bon entretien d'un logis. Ne vous laissez pas guider par le hasard ou par le caprice pour prendre soin de vos objets. Car c'est d'eux que dépend votre confort.

13
Une tâche typiquement féminine ?

Même s'il peut heurter certaines personnes, ce chapitre part d'un constat : la plupart des tâches ménagères sont assumées par les femmes, même dans les couples où règne un certain partage des activités[3].

Les tâches ménagères ont longtemps été dévalorisées parce que féminines. Savoir tenir une maison, laver, repasser était considéré comme peu de choses et n'avaient aucune valeur, jusqu'au jour où, les femmes travaillant de plus en plus à l'extérieur, il a fallu déléguer ces tâches. Cependant, beaucoup de tâches quotidiennes restent du ressort des femmes. Pour éviter que le ménage

---

3. Selon un sondage Ipsos publié en 2009, la participation des hommes aux activités de la maison se réduit à trois « corvées » : faire les courses (67 % déclarent le faire sans se plaindre), vider les poubelles (74 %) et prendre en charge la cuisine (56 %). Dans cette enquête réalisée dans quatre pays européens (France, Royaume-Uni, Italie et Espagne) auprès de 2000 personnes vivant en couple, la majorité des hommes interrogés avouent rechigner ou se refuser à repasser (73 %), nettoyer les sanitaires (67 %), trier le linge et lancer une lessive (61 %), changer les draps (61 %), laver les sols (59 %).

ne soit vécu comme une corvée, et pour s'alléger la tâche, il peut être important de fixer certaines règles…

Impliquer toute la famille

Aujourd'hui la routine ne suffit plus au ménage. Trop d'autres activités occupent notre temps. Donc, pour garder une maison propre, il faut donner certaines habitudes aux personnes qui vivent sous votre toit et exiger d'elles qu'elles respectent certaines règles : transporter la vaisselle dans l'évier ou le lave-vaisselle après avoir éliminé les restes du repas, nettoyer la salle de bains après usage, mettre ses chaussettes à l'endroit avant de les jeter dans le panier à linge. Si vous continuez à trouver des vêtements à l'envers, lavez-les et rendez-les tels quels à leur propriétaire. Celui-ci aura vite compris le message…

Quant aux enfants, afin qu'ils évitent de salir la maison, montrez-leur qu'elle ne se nettoie pas toute seule par magie. Confiez-leur des tâches de temps en temps ; ils apprendront les vertus du ménage et comprendront pourquoi il faut faire attention à ne pas salir. De plus, ils seront heureux de se sentir utiles. Mais il faut les initier. Une conseillère en la matière suggère, par exemple, de confier aux plus petits un paquet de lingettes pour bébé (non toxiques) et de les laisser nettoyer les tables ou les murs. Les plus grands se verront munir d'un chiffon à poussière ou d'un balai pour ramasser les miettes sur le sol. N'exigez pas d'eux la perfection, mais seulement un peu d'attention. Encouragez-les sans être trop exigeante. L'ambiance doit être à la fête.

L'Homo domesticus

« *L'*Homo domesticus *reste un inconnu.* »

JEAN-CLAUDE KAUFMANN, *LE CŒUR À L'OUVRAGE*

La répartition des tâches ménagères est la première cause de disputes conjugales, avant l'argent. Bien que les hommes fassent depuis quelques années des efforts (d'autant que beaucoup de femmes ont désormais une activité professionnelle), les statistiques continuent de montrer que la femme effectue encore trois fois plus d'heures de travail domestique que l'homme. Frustrations, colères, disputes… nous avons beau faire, rien ne semble devoir changer ces messieurs. Pourquoi ?

À quoi peuvent bien penser les hommes ?

« *Les hommes étaient les grands salisseurs devant l'Éternel. À croire qu'ils le faisaient exprès. Leurs chaussures devaient être équipées de semelles spéciales "crasse". De leur bouche et de leurs mains, tout tombait sur le carrelage blanc, de l'assiette à la bouche, il fallait que ça tombe, c'était comme ça, mi-amusant, mi-agaçant. Aux toilettes, un arrosage de crasse, une volonté de tout pourrir. Et un air de s'en foutre. La salle de bains se transformait en piscine, les serviettes laissées en boule, le robinet jamais fermé, des poils partout. Ils ne voient pas les mêmes choses que nous, me disait-on. Même les hommes bien, ceux qui faisaient de temps en temps la cuisine, laissaient derrière eux un "véritable chantier". Même les hommes bien qui, de temps en temps, étendaient le linge le faisaient mal, ça devenait un double travail, bonjour le repassage quand c'est étendu comme ça. Même les hommes qui proposaient de passer l'aspirateur ne savaient pas le faire, ils laissaient des moutons partout. Ils ne voient pas les choses comme nous, je l'apprenais. Ils ne voient pas quand c'est propre, ils voient à peine quand c'est sale. Une véritable particularité, me disais-je.* » UNE INTERNAUTE

Dans son best-seller *What Could He Be Thinking ?*, Michael Gurian a essayé, en tant qu'homme, de comprendre les différences fondamentales existant entre la nature de l'homme et celle de la femme, différences sur lesquelles la culture n'a que des effets mineurs. Il a tenté d'analyser comment fonctionne le cerveau d'un homme. Le cerveau humain mâle, rappelle-t-il, s'est développé pendant des millions d'années selon une tendance environnementale tournée vers la chasse et l'action de bâtir. Pendant des millions d'années, il a passé son temps dehors à chasser… puis à inventer des machines. Son cerveau droit est plus développé que celui de la femme, ce qui explique ses capacités d'orientation dans l'espace, son sens de la mécanique, des mesures, des directions, des abstractions et de la manipulation d'objets physiques. La maison n'est pour lui qu'un endroit où il se sent en sécurité, où il peut récupérer son énergie, où il retrouve ses points de repère avant de ressortir pour de nouvelles conquêtes. Il s'intéresse surtout à ce qui est grand, en mouvement. Physiologiquement, il ne se préoccupe pas du détail, n'enregistre pas aussi bien que la femme les textures, les couleurs. Il peut regarder sans voir. Pour lui, une maison impeccable n'a rien d'un trophée pour lequel cela vaudrait la peine de se battre… Il adore camper et voudrait voir sa maison comme une tente. Pour lui, l'idéal serait de vivre comme un nomade ou de bouger constamment. Alors pourquoi se fatiguer à plier le linge et à le ranger ? Le laisser dans le panier à linge revient au même ! L'homme n'utilise sa « tanière » que comme un endroit pratique. Il vit « avec sa valise », parce que cela lui est familier et lui apporte un sentiment de liberté. Il trouve plaisants les endroits en désordre ! Le rêve de tout homme est de partir à l'aventure, d'expérimenter, de découvrir, d'être libre. Et plus il va loin, mieux il se sent ; d'où sa passion pour les voitures… Cela semble certes un peu schématique et caricatural, mais repose sur une réelle différence entre le cerveau masculin et le cerveau féminin, comme l'ont montré les spécialistes de la question.

S'occuper de la maison n'est pas naturel pour un homme

« L'aspiration essentielle de la femme est encore de garder la famille, de l'entretenir. Et si socialement elle a changé, tout ce qu'elle fait, elle le fait en plus de ça, de ce changement. Mais l'homme, lui, a-t-il changé ? Presque pas. » MARGUERITE DURAS, *LA VIE MATÉRIELLE*

L'homme déteste avoir à s'occuper de la maison. Il déteste qu'on le force à ranger, par exemple ! La femme voudrait que l'homme s'investisse dans l'intérieur de la maison – pour se sentir sécurisée. Mais pour l'homme, s'occuper de la maison n'est pas naturel. Une tâche perçue comme féminine lui semblera souvent pénible (entretien du linge, nettoyage des toilettes), et *vice versa* (entretien de la voiture). Or, la femme pense souvent que si l'homme est loyal envers son logis, il le sera envers elle.

Ce n'est pas que l'homme soit incapable de faire le ménage. Celui qui visite un navire est surpris de l'ordre et de la propreté qui y règnent : les cuivres rutilants, le pont lavé chaque jour à grande eau… Le ménage y est fait de manière parfois plus méticuleuse que par n'importe quelle femme. Mais il s'agit d'une fierté masculine (le bateau, la voiture, la moto…). Tout cela relève d'un univers masculin, celui de l'extérieur, de la maîtrise, de la conquête, du combat guerrier.

L'homme, explique Marie Freneau-Laroche[4], ne travaille généralement de ses mains que ce qui peut l'ennoblir ou qu'il peut ennoblir. Si son terrain est celui habituellement réservé aux femmes, son rang social sera élevé (chef cuisinier, maître tailleur…). Il sera toujours novateur (il conçoit, aménage), protecteur (il dirige, conduit, dicte), créateur (il modèle, donne forme aux matériaux…).

Le toucher des femmes procède davantage du concret, du sensible. C'est un toucher gracieux (les femmes enveloppent de délicatesse ce qui vit autour d'elles), réparateur (elles consolent, soutiennent, restaurent), auquel est associé un plaisir souvent plus proche, plus immédiat, plus libre que celui de l'homme.

Le ménage au sein du couple

« Poussière accumulée, feuilles mortes en ce pavillon sans femme. Dans les livres en désordre des restes d'encens, ma couche de solitaire. »

NAGAÏ KAFÛ, *INTERMINABLEMENT LA PLUIE*

4. « La présence par le toucher », *Synodies*, n° 1, mars 2004.

Autrefois, la question ne se posait pas. Chacun avait une tâche définie au sein du couple. Déléguer le ménage à l'homme entraîne encore souvent comme une sensation de gêne. D'autant plus sournoise que le mari, discrètement mais fermement, est un gardien vigilant de la norme. Il n'a jamais touché un balai ou un torchon et ne se sent pas responsable des tâches ménagères. Pour lui, chercher une femme, c'est souvent, même inconsciemment, chercher une femme de ménage ! La femme doit-elle l'accepter ? C'est à elle de choisir. Personne ne la force à partager son toit avec un homme ni à rester avec lui. Sachant qu'il ne changera pas, c'est à elle d'accepter la situation ou de… changer de vie ou d'état d'esprit.

Reconsidérer le ménage

> « *Le travail d'une femme, depuis son lever jusqu'à son coucher, est aussi dur qu'une journée de guerre, pire que la journée de travail d'un homme, parce qu'elle doit inventer son emploi du temps conformément à celui des autres.* » MARGUERITE DURAS, *LA VIE MATÉRIELLE*

Une règle simplifierait bien les problèmes de couple au sujet du ménage : que les hommes versent un salaire à leur femme pour le travail domestique, la garde des enfants, les soins apportés éventuellement aux parents. Beaucoup de problèmes se trouveraient alors résolus[5].

En attendant, la femme peut toujours utiliser son cerveau pour alléger sa tâche, tirer parti de son intérieur, mettre en place une organisation judicieuse pour faire régner dans sa maison le maximum d'ordre, de propreté et d'agrément avec un minimum d'efforts et de temps. Il s'agit aussi d'en faire un plaisir – dont le secret échappe à la plupart des hommes. Mais que cela soit aussi son secret… Qu'elle savoure le plaisir de laisser les autres avoir besoin d'elle plutôt que d'avoir besoin d'eux et chercher par tous les moyens à gagner leur estime et leur approbation.

Quant aux hommes, le jour où ils auront compris que faire le ménage, c'est échapper à une forme d'infantilisation, s'affranchir de la toute-puissance maternelle et devenir adulte, ils auront accompli un grand pas. Maîtriser le lieu où l'on habite, préserver son intimité et sortir de son rôle de petit garçon, ce n'est pas se féminiser. Un petit nombre d'hommes revendiquent même les

---

5. Au Japon, c'est généralement la femme qui gère le budget familial, reversant à l'homme un peu d'« argent de poche ». Et dans ce pays, l'État accorde tous les mois une somme au membre de la famille qui s'occupe des parents invalides ou dépendants.

tâches ménagères comme l'« accomplissement de leur humanité ».

La solution ?

La solution aux problèmes de couple liés au ménage serait de le faire ensemble, en fonction des compétences et du plaisir de chacun, transformer une corvée en complicité, avec préliminaires (observation, état des lieux), action (nettoyer, rincer, laver, frotter, etc.) et plaisir partagé à la vue d'un appartement clair, aéré, parfumé, accueillant pour laisser la voie libre à mille autres petits plaisirs… D'ailleurs, certains hommes, tout comme les bonzes zen, ne font pas du ménage une activité purement féminine…

Troisième partie

Ménage et zen

14
La métaphysique du ménage

La valeur du ménage dans le zen

« Longue prière d'une heure récitée dans la grande salle ensoleillée. Merveilleux lever de soleil pendant ce moment sacré dans un monde retiré de calme et de beauté reflété sur ces visages sereins, mis en valeur par les kimonos noirs au col d'un blanc immaculé. »

EXTRAIT DE MON JOURNAL DE BORD AU TEMPLE

En Occident, le zen est considéré pour les uns comme une religion, pour les autres comme une philosophie ou une thérapie. Il a pour but premier d'apprendre à libérer son esprit. Quiconque a eu la chance de pénétrer un jour dans un temple zen n'a pu manquer d'être impressionné par le calme, le silence, le dépouillement et la propreté immaculée qui y règnent.

La littérature zen est parsemée de références au ménage et l'on y trouve toutes sortes d'histoires de prêtres, de nonnes, de laïques passant leur temps à balayer, astiquer et réparer, de même qu'ils s'occupent, dans un même esprit, de leurs repas ou de l'entretien de leurs vêtements. Dans le zen sôtô, on fait en moyenne trois à quatre heures de ménage par jour. Plus que la méditation assise, que l'étude des textes bouddhiques, le ménage est, pour cette communauté, la pratique la plus importante pour saisir l'esprit du zen, qui est de se libérer de tout attachement et de toute souffrance. Et le ménage enseigne le plus concrètement ces secrets. Car il a de nombreuses vertus.

Rendre « fluide » la vie matérielle

« Marcher de façon gracieuse sans traîner des pieds.
Ne rien laisser traîner à terre.
Ne pas avoir de pensées égoïstes.
Ne pas ressentir de colère.
Agir avec ordre dans tous ses mouvements. »

ESHIN NISHIMURA, *UNSUI : UN JOURNAL DE LA VIE MONASTIQUE ZEN*

Discipline de fer, multiples règles d'ordre et de gestes mécaniques : la supérieure de mon temple nous explique qu'après un tel entraînement il serait aisé de vivre même en prison. Mais derrière cette apparente rigidité se cache une activité intellectuelle et spirituelle bouillonnante, une liberté intérieure incroyable. Ce système apparemment rigide ne vise en réalité qu'à « huiler » les rouages de vie matérielle afin que la vie intérieure puisse s'épanouir de manière libre et détachée. À un univers purement vital se superpose un autre univers purement mental.

Ce qu'apporte un intérieur propre est assez extraordinaire : une énergie et une force de volonté dans lesquelles puiser lorsque nous en avons le plus besoin. C'est peut-être cette force qui souvent nous fait défaut.

Accorder de l'importance aux détails

« *La vie à l'extrême, c'est la beauté. Plus la technologie se développe, plus l'on vit dans le confort matériel, plus l'on se sent vide spirituellement.* » DÔGEN

C'est au XVIIIe siècle que le maître Pai Chang, rebaptisé Hyakujo par les Japonais, a, le premier, enseigné la vertu du détail. Il ne voulait pas former des philosophes rêveurs ou des élèves désireux d'échapper au réel. Il leur enseignait que nettoyer son intérieur, c'est porter attention à l'éphémère, à l'intime. Que c'est avoir le souci constant du détail. Et que cela constitue la base de la vie. Car ce sont les détails qui construisent le tout. Il enseignait à ses disciples l'art de tout faire avec minutie, de tout son cœur.

Le zen a beaucoup influencé la culture japonaise, qui valorise le travail bien fait, toujours et encore mieux. La transpiration est au moins aussi importante que l'inspiration, dit un proverbe. Il faut faire et refaire inlassablement une tâche pour que fleurisse une connaissance vraie de son soi authentique. Une connaissance réelle, bâtie sur une pratique qui sculpte le corps et la personne, et non une construction savante d'échafaudages conceptuels.

Commencer une journée nouvelle dans la fraîcheur

« Vous pouvez lire tant et plus de livres sur ces voies, mais sans la pratique, vous ne connaîtrez rien. Tel est l'enseignement des grands maîtres. Vous devez expérimenter la voie dans votre chair et votre sang. » W. JOHNSTON

Le ménage dans le zen n'a pas uniquement pour but d'atteindre une certaine propreté : épousseter, balayer, brosser, laver sont des tâches qui permettent de vider l'esprit de ses impuretés, de ses colères, de ses envies, de ses lâchetés, et d'aborder chaque journée avec une fraîcheur nouvelle. Au Japon, les enfants font le ménage dans leur école, les employés celui de leur bureau, les retraités celui de leur quartier. Sans ce rituel, ils ne pourraient pas bien commencer leur journée de travail. Il existe même une expression pour ceux qui veulent devenir disciples d'une discipline ou d'un art : « Monzen no kozô », qui signifie littéralement « nettoyer l'entrée d'un temple trois années d'affilée pour prouver son désir de s'y faire accepter ». De nos jours encore, les disciples font le ménage (la lessive, la cuisine…) chez leur maître avant de recevoir son enseignement. Ils ont donc passé la première partie de leur formation à se débarrasser de leur ego afin de pouvoir mieux s'imprégner de ce qui va leur être appris. Il y a quelque temps, un groupe de Japonais a choqué à Paris en se mettant à nettoyer le parvis de la tour Eifel. Peu de Parisiens ont compris leur message, qui était que si chacun prenait soin des autres sans calcul ni attente, le monde connaîtrait davantage la paix. Oublier rancunes, jalousies, colères, griefs est difficile. Mais donner gratuitement de sa personne et « faire le ménage » dans ses ressentis est la meilleure des façons de retrouver la fraîcheur et la spontanéité.

Agir ainsi, c'est s'assurer de n'être jamais ni vide ni pauvre. Donner enrichit et guérit. Faites le ménage chez un de vos amis, chez un des membres de votre famille. Avoir l'opportunité d'accomplir quelque chose pour les autres est un cadeau, un privilège. Plutôt que de vous préoccuper de ce que les autres ne peuvent vous donner, voyez ce que vous pouvez faire pour eux. Quand on donne aux autres les soins que nous voudrions recevoir, nous ouvrons les portes pour recevoir à notre tour. Dans la vie de tous les jours, il y a toujours quelque chose à faire.

Économiser ses sensations

« L'esprit, avec moins de plaisirs, se retire dans son propre bonheur. » ISABEL COLEGATE, *A PELICAN IN THE WILDERNESS*

Autant une émotion intense est rare, autant les sensations qui guident notre ordinaire sont souvent des entraves à la sérénité. Comme ce sont ces sensations qui transmettent au cerveau les informations en provenance du corps, on ne peut les séparer, de même qu'on ne peut séparer le corps de la pensée. Faire un travail sur ces sensations, c'est donc faire un travail sur la pensée. S'entraîner à n'avoir aucune sensation en nettoyant, c'est s'entraîner à s'élever au-dessus des pensées ordinaires. C'est ne s'adonner qu'aux nécessités que le présent réclame de nous, dans la perfection de l'instant. C'est rechercher la quiétude dans l'intelligence des sens. Plus les problèmes sont proches de notre univers personnel, plus ils deviennent difficiles à résoudre. Tout ce qui touche à la vie personnelle ne peut exagérément être soumis à la question par la réflexion critique ; il faut parvenir à penser sans penser, ce qui est tout un art. L'intelligence du corps est la pièce maîtresse de cet art. L'intelligence, c'est aussi accepter que lorsqu'on se trouve en face des nécessités de la vie, on ne peut s'en échapper. Comprendre cela, c'est s'affranchir du lourd fardeau de l'illusion – l'illusion de croire qu'on peut faire ce qu'on veut dans la vie.

Se suffire à soi-même

Si le ménage impose aux disciples bonzes des travaux domestiques comme couper le bois, jardiner, préparer la nourriture et le bain, nettoyer quotidiennement à fond le temple et le jardin, c'est dans le but de tourner en ridicule toute doctrine en leur montrant qu'elle ne les rend pas plus capables de se débrouiller dans les circonstances les plus simples. Dans le zen, on apprend à vivre avec les « moyens du bord ». Si l'esprit reste en éveil, il est possible de vivre (manger, dormir…) sans l'aide de personne. Dans *La Fatigue d'être soi*, Alain Erhnberg explique que nous sommes devenus tellement libres, dans nos sociétés modernes, que nous ne savons plus comment devenir soi. À force de tout faire faire par les autres (manger dans les restaurants, appeler un médecin pour soigner son rhume…), nous déléguons de plus en plus nos existences aux soins des autres. Mais en agissant ainsi, notre vie ne dépend plus de nous.

Vivre avec élégance

De nos jours, savoir qui l'on est, assurer ses besoins et connaître le plaisir de se suffire à soi-même sans dépendre de qui que ce soit ou de quoi que ce soit, c'est voir les choses d'un point de vue que les autres ne voient pas. Cette attitude apporte sécurité, bien-être et tranquillité, et permet de faire face sereinement aux aléas du quotidien. On sait alors qu'on peut vivre avec grâce sans rien attendre en retour. Faire son ménage, c'est être autonome, c'est se connecter à sa propre réalité, c'est vivre sa vie, produire de l'énergie et la générer. C'est ne pas attendre que les autres nous viennent en aide. C'est être responsable de sa vie et non pas agir comme un assisté. C'est réaliser que les difficultés que nous rencontrons ne viennent bien souvent que de nous. Pour être véritablement soi, il faut être autonome, cesser de se considérer comme une victime des circonstances. Le zen a toujours souligné l'importance de l'autonomie, de la recherche personnelle. Le ménage est une façon de méditer sur le sens de la vie, de « remettre ses pendules à l'heure », de reprendre en main les rênes de son destin.

Retrouver un cœur d'enfant

« Oublier le soi,
c'est être illuminé par toutes les choses. » DÔGEN

Si le zen insiste tant sur la propreté, c'est que celle-ci apporte avant tout la légèreté du cœur et de l'esprit. En d'autres termes, « en lieux propres, esprits libres ». C'est aussi le zen qui a enseigné à une ancienne société tenue en bride par les interdits comment s'oublier, se rafraîchir et se détendre dans l'action. Nettoyer sa maison, c'est aussi nettoyer son cœur et son esprit ; on devient alors plus souple, plus clair et plus confiant, rempli de fraîcheur et d'émerveillement – une qualité propre aux enfants. Mais cela n'a rien à voir avec une attitude infantile. Vivre avec un cœur d'enfant est notre état originel, avant d'avoir été conditionnés et d'avoir connu la souffrance.

Dans la pratique du zen, le dépouillement et la propreté de la pièce dans laquelle nous vivons affecte naturellement notre esprit. Cela se reflète aussi sur ce qui se passe et se manifeste en nous. Plus vite nous apprenons à nettoyer notre espace, à retirer ce qui n'est plus nécessaire, plus vite notre cœur peut s'ouvrir et expérimenter de nouvelles choses. Analyser ses états d'âme peut ne pas faire autant de bien que d'apprendre à nettoyer un sol jusqu'à ce qu'il brille…

Renouer avec les traditions

« *La voie du zen, c'est enlever la poussière sur un miroir.*
La clarté alors apparaît. » HONG-JEN

Les *zendo* (salles de méditation) sont toujours magnifiquement entretenus et immaculés. Dans de nombreux *zendo*, le ménage exige que le disciple frotte le sol à la main avec un chiffon humide et qu'il nettoie, centimètre par centimètre, tout l'intérieur du temple. Ce n'est pas un ménage ordinaire mais une sorte d'entraînement exécuté avec précision, dans le silence et avec une attitude de grande reconnaissance envers le lieu habité. Si le disciple se concentre sur le chiffon et le sol, le *zendo* et lui ne forment qu'un. En nettoyant de cette manière, beaucoup de choses sont accomplies et l'on acquiert le sentiment d'appartenir au lieu que l'on occupe.

Aujourd'hui plus que jamais nous avons besoin d'être encadrés, de façon à retrouver un mode de vie qui rejoigne les aspirations de traditions oubliées, comme cesser de vivre en nomade chez soi, ce qui entraîne insécurité et mal être. Ce n'est pas un hasard si ce sont souvent les personnes modestes qui ont des intérieurs soignés… Les bidonvilles qui s'étendent sur des centaines de kilomètres carrés dans les banlieues de l'Inde comptent parmi les endroits les plus propres et les mieux organisés du monde. Les femmes passent leur matinée à laver le linge, à chasser le moindre grain de poussière du petit espace qui abrite leur famille. Tout compte, rien n'est gaspillé, souillé, maltraité. Ces quelques mètres carrés qu'elles ont la chance d'occuper sont leur survie.

15
Le ménage, une discipline de l'esprit

Se regarder penser pour cesser de penser

« Le Bouddha m'a accordé un peu de temps
Je fais la lessive. » HOZAI

Nous avons tous probablement déjà rencontré des gens fous se parlant à eux-mêmes dans la rue, sans discontinuer. Mais nous ne sommes pas si différents, sauf que nous nous parlons à voix basse. Cette voix fait des commentaires, spécule, juge, compare, se plaint, aime, déteste, etc. Nous vivons ainsi dans un tourment permanent qui nous vide de notre énergie vitale. Mais nous pouvons changer et libérer notre esprit. Il faut d'abord commencer par « écouter » ses pensées, sentir la présence de cet autre « moi » qui les écoute. Peu à peu, cet autre « moi » deviendra beaucoup plus présent. Il pourra observer sans penser, mais restera alerte. C'est cela, l'essence de la méditation. Et le ménage est un moment parfait pour s'y entraîner. L'état de paix qui en découle est doublé du plaisir de se retrouver dans un endroit propre.

Le ménage ou la méditation en mouvement

« Quelle joie de voir l'énergie qui semblait envahir le roshi tandis qu'il enduisait de cire le sol du zendo ! En quoi l'acte de cirer était-il si important ? Et pourtant le maître se vouait de tout son être à cette tâche triviale. Après quoi venait le plus du travail de polissage, que personne ne paraissait capable d'exécuter avec la même aisance que lui. Ses mouvements étaient emplis de grâce et de naturel. » GARY THORP, *LE ZEN DES PETITS RIENS*

Le zen apprend que la méditation en mouvement pendant le travail manuel a beaucoup plus de valeur que la méditation dans les postures statiques. Méditer en nettoyant son intérieur permet d'éviter la torpeur mentale que toute position assise entraîne. On raconte souvent l'histoire de ce célèbre bonze, maître Kyogen, qui, alors qu'il nettoyait son jardin dans l'obscurité, tout absorbé par un koan[6], entendit une petite pierre projetée par son balai heurter un bambou. La légende prétend que c'est à ce moment précis qu'il atteignit l'éveil à son vrai moi.

On peut très bien transformer une demi-heure de ménage en une séance de méditation, en faisant le

6. Un koan est une courte phrase, le plus souvent en forme d'énigme, servant de base à la méditation dans certaines écoles du bouddhisme zen.

vide dans son esprit. Dès qu'une pensée surgit, mille sentiments s'agitent. Mais inutile de lutter. Laissez-la passer ; ne cherchez pas à la saisir. Petit à petit, vous contrôlerez les pensées que vous voulez poursuivre et vous arriverez à chasser les autres.

Aller au-devant de soi en ne faisant qu'un avec sa tâche

« Dans l'eau que je puise
Scintille le début du printemps. » RINGAI

Lorsqu'on se consacre totalement à sa tâche, qu'on ne fait plus qu'un avec elle, on va « au-devant de soi ». Il arrive même que cette activité ne demande plus le moindre effort. On se projette alors en avant en se fondant dans l'action. C'est là une perception qui transcende toutes les expériences précédentes. La tradition orientale abonde en commentaires sur la valeur infinie de chaque acte et chaque moment de la vie. La seule façon de faire front à ce qui nous attend est d'accomplir toutes nos activités en nous y engageant à fond. Traiter la situation présente avec soin et non avec indifférence ou hostilité, c'est prêter attention aux circonstances ordinaires – et pas seulement à ce que nous considérons comme important.

Qui n'a jamais essayé de faire quelque chose alors que son attention était fixée sur autre chose et que ses idées semblaient alors bondir hors de son esprit ? C'est seulement ensuite qu'on réalise que nous n'étions pas ouverts à ce que nous avions décidé d'accomplir. Le zen nous enseigne à aborder chaque instant de la vie comme si c'était le plus important. Être présent, c'est se donner corps et âme à une situation sans laisser ses pensées se distraire par les leurres du futur ou les expériences du passé. Chaque acte sert à focaliser son esprit sur la réalité présente. Lorsque vous nettoyez une pièce, profitez-en pour vous concentrer sur ce que vous faites, sans penser à rien d'autre. Ne vous laissez pas emporter par vos pensées. Ne cessez pas de revenir à vous-même. Les mouvements répétitifs du balayage peuvent contribuer à ce retour. Faire les choses simplement, sans bruit, sans dessein pré-établi, sans but précis : passez le balai ; mettez-y le meilleur de vous-même, sans vous poser de questions. Les pensées concentrées ont toujours été une source de vitalité. On se sent « centré ». Cette méthode vous permettra d'accroître votre pouvoir de concentration.

Montrez-moi comment vous balayez et je vous dirai qui vous êtes

Tandis que Chao-chou balayait l'une des chambres du monastère, un disciple lui demanda : « Vous êtes un grand maître du zen, libre de la poussière des mauvaises pensées. Pourquoi donc balayer avec tant d'ardeur ? » Le maître répondit sans hésitation : « La poussière vient du dehors. »

L'acte de passer le balai peut être très gracieux et composer comme une chorégraphie : il représente une sorte d'extension de notre sens du toucher. La façon dont quelqu'un balaye et les raisons pour lesquelles il s'adonne à cette activité sont très révélatrices de sa personnalité. Mouvements larges et généreux ? Courts et contrôlés ? Cette personne balaie-t-elle seulement autour des meubles ou cherche-t-elle les coins les plus reculés ? Accorde-t-elle toute son attention au balai ou laisse-t-elle ses pensées errer ? Balayer permet, bizarrement, de découvrir les territoires cachés de son mental. Sommes-nous patients, méticuleux ? Faisons-nous le ménage par fierté ou par humilité ?

À mesure qu'on l'emploie, un balai acquiert de plus en plus de personnalité. Si vous voulez savoir qui est un bonze, regardez son balai : est-il usé des deux côtés ou d'un seul ? Si ce bonze a l'habitude de le pousser de droite à gauche puis de gauche à droite, son balai s'use régulièrement. Vous savez alors comment il médite. Si son balai n'est usé que d'un côté, ce bonze ne balaie probablement que mécaniquement. Il n'est pas concentré sur sa tâche.

Notre faculté de concentration, c'est notre moi. C'est notre faculté la plus précieuse. En empêchant notre esprit de vagabonder, nous le libérons de la distraction et du chaos. Au lieu d'être éparpillé et incapable d'écouter, il devient vivant et plein d'énergie. Il peut alors atteindre le silence intérieur et parvenir à un plus haut niveau de conscience. Dans le *Yoga Sutras* de Patanjali (vers 200 avant J.-C.), il est écrit que l'arrêt des vagues de l'esprit est la libération.

L'idéal serait de rester ancré dans le quotidien, car c'est seulement dans le quotidien qu'on peut trouver la vitalité et la fertilité sans être tiraillé par des pensées abstraites.

Se concentrer sur une seule chose

« *Le zen, c'est tout simplement ramasser un manteau sur le sol et l'accrocher là où il devrait être.* »

UN GRAND MAÎTRE ZEN

La réflexion, n'est rien de plus qu'une succession de pensées. Mais au lieu de les laisser courir dans tous les sens, on peut les ramener à un sujet déterminé, et ainsi découvrir son essence.

Montaigne disait que la méditation est une méthode riche et puissante pour quiconque sait comment examiner son esprit et l'employer vigoureusement. Les grands hommes, « ceux qui vivent pour penser », en font même leur vocation. Si la méditation permet de désautomatiser les habitudes mentales, la concentration évite pour sa part que les idées ne se répètent automatiquement, des milliers et des milliers de fois. Elles sont examinées une à une, on apprend à les soupeser, et non à les tenir pour acquises, à trouver des alternatives et à produire des paradoxes. Il n'y a plus de place pour la pensée automatique. On se rend compte alors que c'est la pensée qui contient l'essence de la liberté. C'est elle, et elle seule, qui nous permet de créer ou de dé-créer des univers, de générer de nouvelles réalités, de concevoir l'infini.

Ne faire qu'un avec l'action

« Seul existe l'instant présent. Un maintenant qui est sans cesse neuf, toujours et sans fin. » MAÎTRE ECKART

Quand toute l'énergie psychique est concentrée sur une tâche, il n'y a pas de place pour les émotions ou les pensées. On ne fait qu'un avec l'action qui, comme par magie, nous emporte. On ne se pose plus de questions sur la pertinence de nos actes.

Dans la vie quotidienne, les pensées et les préoccupations non désirées envahissent souvent la conscience. Mais la plupart des tâches ménagères comportent peu d'exigences, si bien que la concentration n'est pas assez intense pour contrôler les pensées envahissantes et maîtriser l'angoisse. Cependant, si vous parvenez à vous concentrer à fond sur une tâche, vous oublierez de penser pendant un moment. Un sentiment de sérénité et de puissance surgira alors – un sentiment global de bien-être. C'est lorsqu'on oublie la préoccupation de soi que l'on repousse les frontières de son être. Lorsqu'une personne investit toute son énergie psychique dans un échange – que ce soit avec une autre personne, de la musique ou du ménage –, elle élargit ses frontières. Perdue dans la concentration, elle peut se perdre en elle-même jusqu'à s'oublier. Elle parvient alors à quelque chose de très difficile : faire abstraction de son moi.

16

Se dépouiller de son ego

Le ménage, un exercice zen pour liquéfier l'ego

Lorsqu'on vit au Japon, on réalise que le « je » a, en Occident, une présence constante, qu'il est au centre de tout. Au Japon, c'est l'inverse. Même dans le langage courant, on hésite à employer ce pronom. C'est presque un mot tabou. Lorsqu'un Japonais parle de quelqu'un en disant que cette personne a de la personnalité, c'est une façon polie de lui reprocher son individualisme et son égoïsme.

Dans ce pays, la manifestation de soi est toujours quelque chose de secret, d'estompé, de fuyant. Le moi est moins une identité qu'une enveloppe. Rarement direct, jamais expressif, il ne se projette pas vers les autres. Il y a d'ailleurs trente façons de dire « je » en japonais, mais on emploie rarement ce mot dans une phrase.

Le « moi », c'est l'ego qui n'envisage de la vie que ce qui est perçu consciemment, compris intellectuellement, possédé (il compare, envie, jalouse et est essentiellement malheureux). Il est l'opposé du « soi », qui permet la vie intérieure et rend capable de s'inscrire dans quelque chose de plus large. Il n'est que cette partie de nous qui donne la priorité à sa petite personne, son envie de briller, de paraître, d'être reconnue. C'est la partie la moins honorable du moi, celle aussi qui souvent est la principale cause de nos souffrances.

Le zen aide ceux qui le désirent à se défaire de cet ego encombrant, à leur faire oublier leur « moi » et leur « je ». Il propose ainsi un exercice bien surprenant pour nous, Occidentaux : le ménage. Si un ego se sent trop important pour entreprendre une tâche aussi triviale que le ménage, c'est une bonne raison pour lui imposer des heures et des heures de nettoyage, de ménage, de polissage. Le zen vise à liquéfier l'ego, à le détruire. Une approche bien différente du mode de pensée occidental qui défend au contraire l'idée qu'il faut vivre bien avec son ego. Imaginerait-on, chez nous Occidentaux, un évêque à quatre pattes nettoyer le parvis de sa cathédrale ?...

Se débarrasser du moi pour atteindre le soi

« *Se connaître soi-même, c'est s'oublier. S'oublier soi-même, c'est s'ouvrir à toutes choses.* » DÔGEN

Il s'agit de se dépouiller de son petit moi pour faire rayonner le soi. Mais abandonner son moi, au sens d'un devenir impersonnel, ne veut pas dire qu'il faut être dépourvu de caractère. Cela revient plutôt à considérer que tout ce qui nous arrive ne nous concerne pas, au fond de nous-mêmes. En supprimant ce petit moi, on parvient alors à ne plus ressentir l'anxiété, la peur, le manque émotionnel ou matériel.

Ceux qui sont encore esclaves de leur moi, cherchant toujours à devenir les plus forts, les premiers, les gagnants, ne font qu'être malheureux et dépendants de leurs désirs. Ils agissent comme des prisonniers et des esclaves de leur ego. Le *chanoyu* (art de la cérémonie du thé) est d'ailleurs, avant tout, un exercice d'ascèse qui tend vers le contrôle de soi et délivre de ce que Bernard Show appelait « les revêtements de la civilisation ».

La vie de tous les jours est un symbole de notre moi intérieur. Le zen nous recommande de nous débarrasser de cette mauvaise habitude qui affirme que l'ego sait toujours mieux – cet ego qui bloque l'accès à notre force intérieure, qui nous prive d'être en accord avec nous-mêmes. Ce sont en général les personnes modestes qui parviennent à nous le faire le mieux comprendre.

Poussière et vanité

Poussière se dit *hokori* en japonais. Mais *hokori* désigne aussi tout ce qui « s'attache » à nous : fierté, titres, situation sociale. Dans le zen, le plumeau sert à indiquer notre nature propre. Toutes sortes de choses pénètrent en nous, comme la rancœur, l'amertume, le chagrin, la jalousie, et s'accumulent jusqu'à ce que nous ne sachions plus qui nous sommes. Passer le *hataki*, c'est aussi un moyen de se purifier et de déloger tous ces attributs extérieurs à notre vraie personne, qui nous éloignent de notre nature originelle. En d'autres mots, pour citer un ami japonais, c'est comme « chasser le profane et retrouver le caractère sacré de notre essence ».

Le nettoyage des toilettes

« Tapis pour les pieds dans les toilettes et papier de toilette : marque de richesse plus probante que la possession d'un coupé Jaguar. Épais, doux, mou et délicieusement parfumé. Musique de Mozart dans les toilettes quand on y entre. » MURIEL BARBERY, *L'ÉLÉGANCE DU HÉRISSON*

Dans l'entraînement zen, les travaux de ménage varient du balayage à l'époussetage en passant par le nettoyage des toilettes. Et cette dernière tâche est souvent réservée aux disciples les plus avancés dans la pratique. En effet, il faut avoir atteint un assez haut niveau de pratique du zen pour comprendre que tout, dans la vie, a la même importance, qu'il s'agisse des personnes ou des événements. Dans le zen, les toilettes ne sont pas moins importantes que l'autel, de même qu'une personne n'est pas plus importante qu'une autre. Nettoyer les toilettes contribue en outre à renforcer l'idée qu'il n'y a pas de lieux impurs et que, comme le disait Bouddha, il n'existe aucun lieu dans l'univers qui ne soit pas sacré, car aucun lieu n'est meilleur qu'un autre. Dans le *zendo*, chaque moment, chaque aspect de la vie doit être considéré de la même façon. Personne n'est ni trop mauvais ni trop important pour nettoyer les toilettes. Il faut seulement beaucoup d'entraînement et de temps pour accepter cela et le comprendre.

Dans le zen, plus on grimpe les échelons, plus on doit nettoyer. La vertu spirituelle s'enrichit de la servitude corporelle. En nettoyant les toilettes, le disciple doit prier et faire des vœux afin que tous les êtres soient lavés de leurs impuretés, de leurs envies, de leurs colères et de leurs illusions.

De nos jours encore, on enseigne aux femmes enceintes que plus elles nettoient leurs toilettes, plus leur bébé sera beau. Il est aussi fréquent de voir des émissions de télévision montrant comment nettoyer impeccablement ses toilettes pour avoir une vie heureuse et pleine de promesses. Nul ne trouve bizarre ce genre de propos, et des toilettes immaculées sont la caractéristique d'une personne vertueuse.

17
L'ordinaire ou la qualité suprême de l'existence

Une tâche « super-normale »

« Puiser de l'eau et porter du bois sont les gestes mêmes par lesquels se manifeste le surnaturel. » BASHÔ

Étudier le zen, c'est imprégner de sagesse chaque instant de sa vie, mettre l'accent sur la régularité et sur l'ordinaire afin d'être en harmonie avec son quotidien. Chaque instant est à la fois ordinaire et miraculeux. L'état auquel on se réfère en parlant de « banal » ou d'« ordinaire » est un état antérieur à la non-séparation du banal et du non-banal : l'ordinaire, c'est ce qui est simple et naturel ; l'extraordinaire, au contraire, c'est ce qui est fabriqué. Tandis que le « banal » et l'« ordinaire » sont des concepts qui ont dépassé la dualité, l'« extraordinaire » est une dualité qui ne parvient pas à l'unité. Ce qui est extraordinaire est loin de l'idéal, ce qui est ordinaire est l'état ultime des choses. L'idéal de la propreté ne saurait être que cet idéal de l'habituel. Laver sa vaisselle, faire son ménage, ne pas constamment chercher à être ceci ou cela (ou à essayer de se faire passer pour tel), voilà le secret de la légèreté et de la liberté. Tout a son importance, qu'il s'agisse de faire le ménage, lire un poème ou voir des amis. Le zen prêche qu'on ne peut rien laisser de côté. La propreté, l'ordre, le contrôle de son environnement sont aussi importants, sinon plus, que la réussite sociale, le nombre d'amis que nous avons sur Facebook ou les plaisirs achetés. La vraie richesse, c'est être capable d'assumer sa vie, d'engager sa personne dans toutes les menues choses du quotidien en y apportant un souffle constant de vie. Si celle-ci doit rester simple et modeste sur le plan matériel, c'est pour être riche dans d'autres domaines.

Le sens de la vie

« Les casseroles et les poêles de cette maison,
quel plaisir de les voir
ce matin de rosée. » BUSON, *L'OMBRE DE LA NEIGE*

Dans les temples zen, la vie est réduite aux choses fondamentales, pour ne pas se perdre dans le tourbillon de la vie. On dort, on se lève, on fait sa toilette, on s'assied pour le zazen, on prend son petit déjeuner, on va aux toilettes, on prend un moment de repos, on se remet au travail, et on refait tout exactement de la même façon. Voilà les activités fondamentales de la vie, des activités que beaucoup d'entre nous essaient de saboter ou de faire à la va-vite. Pourtant, ce sont les portes de la connaissance, la quintessence de la réalité à partir d'une expérience directe. Et c'est cette réalité qui insuffle le *spiritus*, ce souffle de la vie en nous. C'est elle aussi qui semble nous dévoiler le sens ultime de notre présence ici-bas. Vivre le plus parfaitement et le plus pleinement possible ce « super-normal » (des tâches de l'ordinaire, humbles, discrètes et sobres, dont l'évidence s'impose) est considéré par les Japonais comme la suprême qualité d'un être humain. Et c'est dans ces tâches que peut le mieux se révéler la beauté de notre dimension spirituelle : une élégance de vie d'une surprenante imperméabilité aux modes et aux tendances qui éparpillent le moi au lieu de l'unifier ; une élégance de valeurs qui contraste avec nos rêves et nos désirs.

La lumière de Morandi

Ce peintre italien vécut plus de cinquante ans avec ses deux sœurs dans un vieil appartement de Bologne. Son studio était toujours resté le même : simple, nu, vide, austère. Il n'en changea jamais. Il fit son premier voyage à l'étranger à soixante-six ans. Il détestait toute ambition qui ne peut être internalisée. On le surnommait « le moine ». Dans son studio, il préparait des groupes d'objets sur une table toute simple. Il les peignait des dizaines de fois, produisant des peintures calmes, mystérieusement tranquilles et réconfortantes. Pour lui, tout était précieux, même l'ombre sous un pot et la poussière sur une boîte à thé. « Tout est mystère, déclarait-il. Nous, et même les choses simples et humbles. » Ces choses, la lumière qui les enveloppait lui suffisait.

Il était en paix avec lui-même. Et avec la poussière…

La poussière : éternel recommencement

La poussière semble avoir disparu après une séance de ménage. Mais elle revient toujours. Comme nos pensées, et toutes les sensations qui nous accompagnent tout au long de notre vie. On dit que le temps est une fine poudre d'or que nous laisserions couler distraitement entre nos doigts, sans même nous en apercevoir. C'est ce temps fait de poussière et d'or qui permet de jouir pleinement du moment présent. Dans la journée d'un ermite, chaque instant est un trésor. Le temps a alors une densité telle que le sage continue sa transformation intérieure sans effort, comme un fleuve qui coule vers l'océan de l'Éveil.

Qu'il s'agisse des étoiles ou des êtres vivants, tout redevient un jour poussière. C'est ce que le Japon appelle l'éternel retour de toute chose à l'univers. Vivre en appréciant la complexité de tout ce que nous ne comprenons et ne comprendrons sans doute jamais, le vivre simplement et se nourrir de ce qui est authentique exige de nous l'acceptation de trois vérités :

Rien ne dure.
Rien n'est jamais fini.
Rien n'est parfait.

Accepter ces réalités, c'est accepter ce que l'on a comme la définition du bonheur, reconnaître qu'on peut trouver de la clarté et de la grâce dans une existence vraie et sans vernis.

La poussière et le bouddhisme

« *La poussière sur les étagères a pris autant de mystère que les étoiles les plus éloignées ; nous connaissons suffisamment les deux pour savoir que nous n'y connaissons rien du tout.* » ALAN WATTS, *L'ÉLOGE DE L'INSÉCURITÉ*

La poussière est partout. Bouddha racontait jadis que tout ce que nous voyons n'est que poussière. Une poussière qui va jusqu'à embrumer notre réflexion. D'où l'importance d'y prêter notre attention.

Contempler la poussière couleur de miel jouer dans le soleil, observer ses grains dorés flotter, tourbillonner et réfléchir la lumière, les regarder tourner autour de soi, trop minuscules pour être saisis, c'est méditer. C'est entrer dans un état où il n'y a pas de pourquoi. C'est se livrer à une sorte d'abandon intérieur et s'ouvrir sur les mystères de l'Univers.

Ces particules de choses, de plancher, de murs, de terre du dehors, ces fines parcelles du manteau accroché dans le vestibule, de peau, de poils de chien, de pollen, ces milliers de poussières microscopiques sont trop pour une simple imagination. Trop à penser pour celui qui observe le monde se désagréger dans tant de beauté. Ne deviendrons d'ailleurs pas nous-mêmes, un jour, cette poussière ?

Conclusion

> « *Cent fois, le Maître aura frotté la terre avec un balai de fines branches, entre les planches et dans les coins, sans ôter du soleil cette poussière qui danse, qu'il aime pour son aisance, sa chute imperceptible et qui oblige à tout recommencer, toujours, depuis le début.* » WERNER LAMBERSY, *MAÎTRES ET MAISONS DE THÉ*

Le ménage peut s'appréhender de nombreuses manières. Il peut être une occasion d'affiner ses sens comme de les occulter, de remettre en cause son mode de vie comme de l'accepter.

Spiritualité sans ascétisme, matérialisme sans trop de sensualité dans laquelle les sens et l'esprit vivent en harmonie, absence de conflit intérieur, voilà ce que le ménage peut nous enseigner. Être soi, ne pas avoir honte d'aborder cette activité comme une tâche noble, c'est proclamer que, à une époque où se lèvent des collectivismes en tous genres – sociaux, économiques et politiques –, l'humanité a encore le droit de garder sa dignité dans le souci de son quotidien.

Se contenter de ce qu'il faut faire, voilà peut-être la meilleure façon de rendre sa vie sacrée, d'en être le gardien. Ne pas chercher à changer le monde extérieur mais voir ce qu'il y a en soi, mieux se connaître, mieux s'accepter pour s'oublier, voilà peut-être le secret de la sérénité, de l'énergie et du sens de la vie. Nous devons arrêter de nous détruire corps et âme au nom d'un hypothétique bonheur à venir. Apprenons à vivre l'instant présent dans la joie et à apprécier le bonheur qui nous est accessible aujourd'hui. Cessons de courir après demain, de nous préoccuper du passé ; devenons ce qu'il y a de meilleur en nous. En faisant le ménage, retrouvons calme, vivacité, solidité, liberté et clarté. Apprenons à prendre de la vie ce qu'elle a à nous offrir.

La particularité et la richesse de l'habitude consistent à être à la fois un grand concept et un petit geste, un élément vivant, observable dans le concret de la vie de tous les jours.

Remplissons avec grâce, satisfaction, joie et conscience les tâches pour lesquelles nous sommes nés ; c'est tout cela qui nous élève au rang d'êtres civilisés. Que notre destinée soit dans l'ordre, la paix et la propreté. Le ménage nous en ouvre la Voie.

« Le tas bien balayé des ordures passées,
La poussière à nouveau couvre la terre.
Le balai ordinaire maintenant rejeté,
Voici que sur le manche fleurit une ipomée. »
ZHONGFENG MINBEN

Table des matières

Deuxième partie
Passer à l'acte

Imprimé en Allemagne par GGP Media GmbH, Poessneck

ISBN : 978-2-501-09032-2

4137527 / 07

dépôt légal : octobre 2013